Das Buch der wahren schwarzen Magie

La véritable magie noire

Das Buch der wahren schwarzen Magie

La véritable magie noire.

König Salomon

Aus dem Hebräischen von
Iroé-Grego

Impressum

Das Buch der wahren schwarzen Magie
La véritable magie noire.

Aus dem Französischen übersetzt und herausgegeben
von Christian Eibenstein

Herstellung und Verlag: BoD- Books on Demand, Norderstedt

Umschlaggestaltung: Christian Eibenstein

Alle Grafiken aus alten Manuskripten
sorgfältig rekonstruiert von Christian Eibenstein

Alle Fotografien von Christian Eibenstein

© 2018 Christian Eibenstein

Bibliografische Information der Deutschen Nationalbibliothek:
Die Deutsche Nationalbibliothek verzeichnet diese Publikation in der
Deutschen Nationalbibliografie; detaillierte bibliografische Daten sind
im Internet über
http://dnb.d-nb.de abrufbar.

Printed in Germany

ISBN 978-3752838862

Inhalt

LA VERITABLE
MAGIE NOIRE,
OU LE
SECRET DES SECRETS.

MANUSCRIT trouvé à Jérusalem,
dans le sépulcre de Salomon.

CONTENANT:

° Quarante - cinq Talismans avec leurs Gra-
vures , ainsi que la manière de s'en servir, et
leurs merveilleuses propriétés ;
° Tous les Caractères Magiques connus jus-
qu'à ce jour ,

TRADUIT de l'Hébreu , du Mage
IROÉ-GREGO.

♃ ♂

☺ ☀ ♄

♀ ☿

À ROME.

L'an de grace , 1750.

Die wahre

SCHWARZE MAGIE

ODER DAS

GEHEMNIS DER GEHEMNISSE.

Manuskript in Jerusalem gefunden,
im Grab des Salomon.

I N H A L T:

° Fünfundvierzig Talismane mit ihren Gravuren, sowie die Art,
sie zu benutzen und ihre wunderbaren Eigenschaften

° Die Kenntnis über die Wochentage aller magischen Charaktere,

ÜBERSETZT aus dem Hebräischen von dem Magier

IROÉ-GREGO

R O M

Im Jahre 1750.

Vorwort

Das Buch gehört zu den zahlreichen Grimoires, die König Salomon zugeschrieben wurden. Das vorliegende Buch erschien 1750 – laut Titelseite in Rom, doch die erste Veröffentlichung wurde wohl eher in Frankreich, wahrscheinlich in Paris, gedruckt und veröffentlicht.

Wenige Jahrzehnte später – 1789 – bricht dann die Französische Revolution aus und das 18. Jahrhundert gilt als Zeit der Aufklärung. Zwischen dem 16. und dem 18. Jahrhundert sind einige salomonische Zauberbücher entstanden – das bekannteste dürfte das »Clavicula Salomonis« sein; das vorliegende Buch bedient sich reichlich an diesem Buch, besonders die Siegel, die hier »Pentakel« genannt werden, sind stark an das »Clavicula Salomonis« angelehnt. Auch andere magische Schriften dienten als Quelle, so z. B. die drei Bände der »De Occulta Philosophia« von Agrippa von Nettesheim oder »der kleine Albert«. Auch Dämonen von Johannes Weyer begegnen uns sowie das »Göttliche Siege«, es ist bekannt aus dem »Schwurbuch des Papstes Honorius« sowie aus Schriften von John Dee, das siebenzackige Siegel, welches zu zeichnen nicht trivial ist.

Nicht zu verkennen ist ein gewisser katholischer Ansatz der Rituale. Es wird eine Beichte zur Vorbereitung vor den Beschwörungen empfohlen oder es ist die Rede von einem Exorzisten-Priester. Somit folgt dieses Buch der Tradition von beispielsweise Cyprianus und Honorius.

Das Buch konzentriert sich zum großen Teil ganz besonders auf die Verwirklichung der Liebe und auf Rituale, um den geliebten Menschen für sich zu gewinnen. Darüber hinaus auf die Schatzgräberei und einige anderer magische Werke, wie Glück im Spiel, oder das Erlangen der Unsichtbarkeit. Die »Liebesrituale« folgen einem recht modern anmutenden Ansatz, so werden doch wiederholt beide Geschlechter einbezogen. Nun kann man diskutieren, ob auch Frauen zur Durchführung der Rituale angesprochen sind oder ob es sich um die Verwirklichung homosexueller Wünsche geht. Beides wäre für die Zeit recht innovativ.

Das Buch entwirft ein komplettes magisches Ritual, von der Vorbereitung, Reinigung, Herstellung der magischen Werkzeuge bis hin zur Anrufung der Geister – alleine oder zusammen mit den sogenannten Assistenten. Ganz wichtig für den Autor ist die Durchführung der Arbeitsschritte und Ausführung der Beschwörung am richtigen Tag und zur richtigen Stunde sowie bei günstigen Konstellationen der klassischen sieben Planeten. Diese Wichtigkeit wird für jeden einzelnen Schritt der magischen Rituale extra betont.

Zu Beginn des Buches, in ein einem Vorwort, wird eine kleine Legende erzählt, wie dieses Buch aufgefunden und schließlich übersetzt werden konnte. Das Grab von König Salomon sollte renoviert werden, dabei wird von den Arbeitern – Philosophen aus Babylon – diese Schrift entdeckt, die allerdings für die Menschen komplett unverständlich ist. Iroé Grego wird es erst durch die Vermittlung eines Engels ermöglicht, diese obskure Schrift zu verstehen. Unter dem Siegel der Verschwiegenheit und mit der Vorgabe, die Schrift nur den Rechtschaffenen weiterzugeben, die diese Magie nur zum Guten anwenden werden, übersetzt und veröffentlicht er dann schließlich dieses Buch.

Die Vermittlung eines Engels ist eine bekannte stilistische Figur und begegnet uns in der magischen Literatur immer wider. Die göttliche Legitimation wird zunächst durch die Vermittlung des Wissens durch Gott an Salomon aufgebaut. Durch die Offenbarung eines Engels an Iroé Grego wird die göttliche Legitimation erneuert. In der magischen Literatur ist viel über die Person Iroé Grego, (Im Text auch als Iroë Grego geschrieben, also mit Tremazeichen auf dem »e«) spekuliert worden, ohne die Person wirklich greifen zu können.

Weitere wichtige Elemente für die rituelle Arbeit sind die magischen Werkzeuge. Ausführlich wird die Herstellung von Schwert, Stab, Messer etc. beschrieben und wie diese zu weihen und schließlich anzuwenden sind. Hier sind bereits die Werkzeuge wie »Bolline« und »Arctave« genannt. Interessant ist die Differenzierung dieser beiden Werkzeuge, die entweder zum Schneiden oder zur Zeichnung des Kreises, bzw. zur Lenkung der Kräfte gebraucht werden, so wie es auch heute – je nach okkulter Schule – unterschieden wird.

Die Anrede an den Leser schwankt zwischen der Höflich-
keitsform und dem vertrauten »Du«. Da diese beiden Formen im
Deutschen ebenfalls differenziert werden können, habe ich dies
in der Übersetzung so berücksichtigt, somit wechselt die Anrede
in einigen Kapiteln ganz bewusst zwischen »Du« und »Sie«.

Bei der Übersetzung der Bibelzitate habe ich mich weitestgehend
an die 2016er Einheitsübersetzung gehalten, soweit nichts andres
angegeben wird. Wenn ich andere Übersetzungen oder
Fassungen gewählt habe, z. B. die Lutherübersetzung oder die
Vulgata (lateinische Fassung), so habe ich die entsprechende
Quellen genannt.

In dem zweiten Buch werden die magischen Pentakel
beschrieben und dargestellt. Sie beinhalten fast alle Zitate aus
Psalmen oder anderen Bibelstellen. Um den Bereich der
Fußnoten nicht zu stark anschwellen zu lassen, sind im Anhang
sämtliche verwendete Bibelzitate aufgelistet.

Ein ungelöstes Geheimnis in dem Buch sind die Zuordnungen
der Planeten zu den einzelnen Stunden des Tages. Im Kapitel II.
wird zwar auf die Zuordnung von Stunden und Planeten
eingegangen, doch bei Stunde sieben bricht die Reihe ab.
Vielleicht würde es dann wieder mit dem Saturn für die achte
Stunde von vorne beginnen, doch sicher ist dies nicht. Denn »zur
besseren Handhabung« gibt der Autor direkt im Anschluss eine
Liste der Planeten mit der Zuordnung zu den *Wochentagen* an und
bezieht sich gar nicht mehr auf die Stunden. Welche Stunde also

welchem Planeten zugeordnet ist, bleibt ungeklärt. Ich möchte hier nur kurz erwähnen, dass sich im Mittelalter der Mönch Ulmannus in seinem »Buch der Heiligen Dreifaltigkeit« darüber Gedanken gemacht hat und jeder Stunde über die sieben Tage der Woche hinweg einen Planeten zugeordnet hat. Er beginnt also Sonntag und ordnet der ersten Stunde die Sonnen zu, der zweite die Venus, der dritten dem Merkur, etc., so folgt er der sogenannten Chaldäischen Reihe. Interessant dabei ist, dass so der darauffolgende Tag – also der Montag – automatisch mit dem Mond für die erste Stunde beginnt; dies gilt für jeden anderen Tage ebenfalls, somit beginnt der Dienstag mit dem Mars etc. Diese Reihe wird zwar in dem vorliegenden Bucht nicht erwähnt, da der Auto aber stets auf die Einhaltung der richtigen Stunde pocht, möchte ich zumindest als Vorschlag diese Stunden-Planetenzuordnung erwähnen, da sie in vielen magischen Werken Anwendung findet, wie im „der kleine Albert" oder in der „Archidoxis Magicæ". Eine Tabelle mit dieser Stunden-Planetenzuordnung habe ich im Anhang beigefügt.

Abschließend möchte ich noch darauf hinweisen, dass für heutige magische Rituale keine Tiere gequält oder getötet werden brauchen, ebenso wie Opferungen oder gar Menschen-opfer ebenfalls in allen aufgeklärten Ritualen und Religionen keinen Platz mehr finden.

Präambel.

Höre mir aufmerksam zu, mein Sohn ROBOAM, wie ich, SALOMON, Weisheit und Erkenntnis über alle Dinge von GOTT empfangen habe. »Warum (antwortete Roboam) erhalte ich den gleichen Verdienst wie mein Vater Salomon, der durch den ENGEL GOTTES das Wissen über alle erschaffen Dinge erhalten hat?«, und Salomon antwortete: »Höre auf meine Stimme, mein Sohn, du wirst schöne Dinge hören; eines Nachts, als ich ins Bett ging und im heiligen Namen GOTTES nachsann, bat ich um die unfehlbare Erkenntnis aller Dinge; dann erschien mir der ENGEL GOTTES und er sagte zu mir: ,Salomo, dein Gebet vor Gott war nicht vergebens; und umso mehr, da du nicht darum gebeten hast, um viele Jahre zu leben, um großen Reichtum, um den Ruin deiner Feinde, sondern für die Klugheit, um ein gutes Urteil zu fällen[1], darum hat dir der Herr ein weises Herz und so viel Verstand gegeben, wie es noch nie gegeben hat, noch jemals nach dir geben wird.'

Merke dir diese Worte und siehe, dass ich das gesamte Wissen und die Erkenntnis über alle Geschöpfe und himmlischen Dinge habe. Ich weiß, dass alle Wissenschaften eitel sind, und da es keine vollkommene und beständige Kunst gibt, habe ich ein

---

[1] Vgl. 2 Chr. 1,11 „Gott antwortete Salomo: Weil dir das am Herzen liegt, weil du nicht um Reichtum, Vermögen, Ehre oder um den Tod deiner Feinde, auch nicht um langes Leben gebeten hast, sondern weil du um Weisheit und Einsicht gebeten hast, um mein Volk zu regieren, zu dessen König ich dich bestellt habe ...“

unbestreitbares und wahres Werk zusammengestellt, das ich betitele mit:

DIE GEHEIMNISSE DER GEHEIMNISSE, in denen ich alle Geheimnisse der magischen Kunst verborgen und verschlossen habe, ohne die man keine dieser Wissenschaften erwerben oder ausüben kann. Ich habe also diesen Schlüssel niedergeschrieben, denn wenn dieser den Schatz öffnet, öffnet er das Wissen und das Verständnis für die magischen Künste. Siehe, oh mein Sohn! und profitiere von meiner Arbeit und auf dass alles gut vorbereitet sei. Darum, oh mein Sohn! gebiete ich dir durch den Segen, den du von mir erwartest, dass du eine Kassette aus Ebenholz machst, in die du meinen Schlüssel legen sollst; und wenn ich von diesem Leben zum anderen übergehe, sollst du sie in mein Grab legen, damit es niemals in die Hände der Unrechtschaffenen fällt.« Es geschah, wie Salomon es befohlen hatte.

Schließlich, nach dem sie lange verborgen lag, ließen einige Philosophen aus Babylon das Grab renovieren, um es zu verschönern. Als sie gruben, wurde diese Kassette gefunden, sie wurde von den Philosophen genommen und geöffnet; aber keiner von ihnen konnte etwas wegen seiner Dunkelheit begreifen, mit Ausnahme von einem von ihnen, genannt IROË GREGO. Er betete und bat Gott mit Tränen in den Augen, er solle ihm die Gnade gewähren, zu dieser Wissenschaft zu gelangen, damit er, durch seine Hilfe würdig sein würde, diese Wissenschaft und die Geheimnisse dieses Schlüssels zu verstehen. Auf der Stelle erschien ihm der Engel des HERREN, und er sagte zu ihm: »Sei nicht verwundert, wenn die Geheimnisse Salomons so verborgen sind, denn der Herr hat gewollt, dass dieses Wissen niemals in die Hände der Unrechtschaffenen und Unreinen falle. Versprich mir stattdessen, keinem Lebewesen zu offenbaren, was ich dir zeigen werde, und wissen, wie man es bewahrt, sonst werden die Geheimnisse entweiht und haben keine Wirkung.«

Dies versprach Iroë; sofort darauf verschwand der Engel GOTTES und sagte: »Geh und lies den Schlüssel; die Worte, die für dich so obskur waren, werden sich dir offenbaren und sich zu erkennen geben.« Iroë verharrte in großer Freude, als er sah, dass es der Engel des HERRN war. Als er dann das Werk sah, fand er es verändert vor, so dass er leicht alles verstehen konnte. Als Iroë ahnte, dass diese Arbeit leicht in die Hände der Unrechtschaffenen und Unwissenden fallen könnte, sagt er: »Ich beschwöre all jene, in dessen Hände dieses Geheimnisse fallen könnte, durch die Macht GOTTES und seine Weisheit, dass dieser Schatz nicht in die Hände der Ungerechten falle und sich denen offenbart, die nicht weise und gottesfürchtig sind; darum bete ich, dass sie es niemals erlangen werden.«

Iroë verstaute den Schlüssel in der Ebenholzkassette. Die Worte dieses Schlüssels lauten wie nun folgt, in zwei Büchern geschrieben und im Auftrag verkündet.

Erstes Buch.

Kapitel I.

Von der Liebe Gottes.

Die göttliche Liebe muss dem Erlangen der Wissenschaft Salomons, dem Sohn König Davids, vorausgehen, der sagte: »Das Prinzip meiner Wissenschaft und der Schlüssel ist die Gottesfurcht, ihn zu ehren, ihn anzubeten, mit großer Reue des Herzens und mit Hingabe, und ihn bei allen Dingen anrufen, die wir tun und hoffen wollen, damit uns Gott auf den richtigen Weg führt.«

Wenn du also die Wissenschaft der magischen Künste erlernen willst, musst du gemäß der Ordnung der Mondphasen, Tage und Stunden vorbereitet sein, ohne deren Beobachtung nichts bewirkt werden kann. Aber wenn man dieses genau beobachtet, kann man leicht zum gewünschten Ergebnis kommen.

Kapitel II.

Von den Stunden und Tugenden der Planeten.

Nachfolgend ist die Stunden- und Planetentabelle aufgeführt, die verwendet werden muss. Die Stunden von Nacht und Tag sind vierundzwanzig Stunden, und jede Stunde hat einen Planeten, der sie beherrscht, der erste ist SOLDAY, das heißt ♄, der zweite ist ZEDEX, das heißt ♃, der dritte ist MADIME, das heißt ♂, der vierte ist ZEMEN, das ist die ☀, der fünfte ist HOGOS, das heißt ♀, der sechste COCAO, das ist der ☿, der siebente ist ZEVEAC, das ist der ☽; und zur besseren Handhabung:

Solday	♄	ist Samstag
Zedex	♃	ist Donnerstag
Madime	♂	ist Dienstag
Zemen	☀	ist Sonntag
Hogos	♀	ist Freitag
Cocao	☿	ist Mittwoch
Zeveac	☽	ist Montag

Alle Tage sind nicht gleich, deshalb sind die Stunden der Planeten auch nicht gleich lang. Und wenn Sie wissen wollen, wie viele Minuten eine Planeten-Stunde ausmacht, machen Sie folgendes: wenn der Tag 15 Stunden hat, müssen Sie diese Stunden mit fünf multiplizieren, d. h., fünfmal fünfzehn macht fünfundsiebzig, und so viele Minuten haben die Stunden der Tages-Planeten. Die Stunden der Nacht, die dann neun sind, multiplizieren Sie ebenfalls mit fünf; fünf mal neun sind fünfundvierzig und so viele Minuten haben die Stunden der Nacht-Planeten, und dies mache in gleicher Weise für alle Jahreszeiten[2].

Die Stunden von Saturn ♄ , Mars ♂ und Venus ♀ sind gut, um mit den Geistern zu sprechen: die von ☿ , um Dinge zu finden, die mittels der Geister verdeckt sind; die Stunde des ♄ , um die Seelen aus der Unterwelt zu rufen, nämlich jene, die durch einen natürlichen Tod gestorben sind; die Stunde des ♂ , um die Seelen derer zu rufen, die getötet wurden, und dazu müssen wir uns auch mit diesem Tag verbinden[3], wie im folgenden Experiment.

---

[2] Die Berechnung mit der 5 funktioniert nur bei 15 Stunden. Wenn man jegliche Stundenlänge berechnen will, muss man den Anteil an der/dem 12-Stunden(nacht/-tag) berücksichtigen: in diesem Fall also 15/12 = 1,25. Diese 1,25 x 60 (Minuten) = 75. Für jegliche andere Tages- oder Nachtlänge wäre die Formel also: Nachtlänge : 12 x 60 Minuten = Länge der Nacht-Planeten-Stunde.

[3] Der Tag des Experiments muss also auch der des Mars (Dienstag) sein.

Um die Seele von so manchem Toten zu rufen, mache das Experiment in der Stunde des ♄ ; prüfe alles zum Experiment auf das Beste, und wenn du alle Dinge, die in diesem Kapiteln stehen mit großem Fleiß beachtest, wirst du das Gewünschte erreichen; aber im Gegenteil, wenn du das Geringste vermissen lässt, wirst du nie in der Lage sein, den höchsten Grad der Vollkommenheit zu erreichen.

Die Stunden des ♄ sind geeignet, um die Dinge des ♂ vorzubereiten[4], an ihren Tagen, an denen sie in Konjunktion mit dem ☽ stehen. Und wenn du beobachtest, dass sie in Opposition oder im Quadrat[5] stehen, sind sie gut, um Experimente von Hass, Klagen, Feindschaften und Zwietracht zu machen. Füge weiteres hinzu, wie wir es später bei ähnlichen Dingen noch sagen werden.

Die Stunden von ☀, Jupiter ♃ und ♀, insbesondere die Stunden ihrer Planeten, sind gut, um alle Experimente durchzuführen, die nicht gewöhnlich sind, sondern eher die, die außergewöhnlich sind, die nicht zu einem der beiden oben aufgeführten Kategorien gehören, und schließlich für die Experimente, die in ihrem eigene Kapitel erwähnt werden, wie diejenigen, die zu dem ☽ gehören. Sie sind zur Herbeirufung

---

[4] Dinge des Mars: kriegerische Dinge.

[5] Konträr stehen: in Opposition zum Mond, im Quadrat: im 90 ° Winkel am Himmel.

der Geister geeignet, für Werke der Nekromantie und um gestohlene Dinge zu finden, wobei darauf geachtet werden muss, dass der ☽ zusammen mit einem Erdzeichen[6] steht, das heißt, der Merkur ☿ ist geeignet für Liebe[7], Güte und Unsichtbarkeit.

Der ☽ muss im Zeichen des Feuers[8] ♈ ♌ ♐ stehen, für Hass und Zwietracht.

Der Mond muss im Wasserzeichen[9] ♋♏ stehen, für außergewöhnliche Experimente.

Der Mond muss in den Luftzeichen stehen[10], ♊ ♎ ♒ , nach der Konjunktion und dem Austritt aus der ☀ und ihren Strahlen, und sobald er erscheint.

Wenn aber die Beobachtung der obigen Dinge zu kompliziert erscheinen, dann tue wenigstens das: beobachte den zunehmenden ☽, bis er voll ist. Da er dann mit der Sonne ☀

---

[6] Die drei Erdzeichen: Stier, Jungfrau und Steinbock.

[7] Vielleicht ist hier eher die Venus gemein, die beiden Planetensymbole sind ja recht ähnlich; allerdings steht „Mercure" explizit im Text.

[8] Die drei Feuerzeichen: Widder, Löwe und Schütze.

[9] Die drei Wasserzeichen: Krebs, Skorpion und Fische, Fische ist auch das folgende Symbol.

[10] Die drei folgenden Luftzeichen: Zwilling, Waage, Wassermann.

die gleiche Zahl hat[11], ist er sehr gut darin, die oben genannten Dinge zu tun. Wenn der ☽ gegenüber der ☀ steht und lichtdurchflutet ist, ist er gut für Experimente des Kriegs, Zanks und für die Zwietracht; und wenn er im letzten Viertel ist, ist er gut darin, direkt die Dinge für Zerstörung und Ruin zu tun. Wenn der ☽ neu wird oder seine letzten Strahlen empfängt, ist die Zeit gut für Experimente des Todes, weil er in dieser Zeit des Lichtes beraubt wird.

Beobachte außerdem unumwunden, wann die Luna ☽ mit der Sonne ☀ konjungiert, dann soll nichts begonnen werden, weil diese Zeit sehr unglücklich ist und nichts gelingen kann. Aber wenn die Luna ☽ zunimmt und in hellem Lichte steht, wirst du in der Lage sein zu schreiben, zu arbeiten und alle Experimente, die du machen willst, vorzubereiten; vor allem aber die, um mit den Geistern zu sprechen. Dies muss am Tag des Merkurs ☿ und in seiner Stunde geschehen. Die Luna ☽ muss in einem Erd- oder Luftzeichen stehen, wie oben gesagt wurde, in gleicher Zahl mit der Sonne ☀.

---

[11] Die gleiche Zahl: den gleiche Winkel, da der Vollmond der Sonne genau gegenüber steht.

Kapitel III.

Zu welcher Zeit die Künste erledigt und vollendet werden müssen, nachdem sie vorbereitet wurden.

Im obigen Kapitel wurden die Tage und Stunden behandelt; jetzt, wenn alle Dinge vorbereitet und geordnet sind, besprechen wir, an welchem Tag und in welcher Stunde die Dinge durchgeführt werden müssen. Wenn du ein Experiment machst, um mit Geistern zu sprechen oder um sie zu beschwören, und von Tag und Stunde steht nichts geschrieben, dann wirst du am Tag und in der Stunde des Merkurs ☿ operieren, und die Stunde wird die erste oder die achte sein, obwohl die fünfzehnte oder zweiundzwanzigste Stunde in der Nacht besser wären, die vor dem Morgen des Tages liegen. Du wirst während dieser Stunden in der Lage sein, alle Künste und Experimente der oben erwähnten Art durchzuführen – entweder die für den Tag oder für die Nacht, vorausgesetzt, dass die Dinge so wie oben im Kapitel II. für diese Experimente in der angegebenen Stunde vorbereitet wurden.

Aber für besondere Experimente, hauptsächlich um Geister anzurufen, werden die Stunde und die Zeit der Beschwörung nicht genau angegeben. Am sichersten ist es, es nachts zu tun, denn die Geister kommen leichter in der Stille, die in der Nacht herrscht, doch es muss sich gewiss beobachten lassen, dass die Eigenschaften des Tages ganz bestimmt gut sind, um die Geister zu rufen. Aber wesentlich und wichtig für die Durchführung ist ein finsterer Ort, der dieser Kunst angemessen ist, wo niemand lebt; dies wird an anderer Stelle noch ausführlicher besprochen. So kann man solche Kunst vollenden und zu einem guten Ergebnis führen.

Aber wenn solche Kunst und solches Experiment Kenntnis über einen Diebstahl bringen sollen, dann sollen sie in beliebiger Weise gemacht werden; dann wenn die Dinge vorbereitet oder geordnet sind, muss man es in der Stunde des ☽ tun und an seinem Tag; wenn es möglich ist, bei zunehmendem ☽, während der ersten Stunde des Tages bis zur achten des gleichen Tages, oder um zehn Uhr in der Nacht; aber es ist besser am Tag als in der Nacht, denn das Licht steht in Beziehung zur Begierde, es fördert die Neigung und den Willen, die gewünschten Dinge zu sehen.

Wenn es aber um Dinge und Experimente der Liebe, der Anmut und der Ausstrahlung geht, dann arbeite am Tag und in der Stunde der ☉ und der ♀, d. h. von der ersten bis zur achten, vorausgesetzt, die Dinge sind gemäß dem Tag und der Stunde vorbereitet und verfügbar, so dass sie für dieses Experiment und für diese Kunst, die ausgeführt werden sollen, passend sind.

Die Werke der Zerstörung, des Hasses und der Verwüstung müssen am Tag und in der Stunde des ♄ geschehen, und zwar in der ersten Stunde oder in der achten; in der Nacht in der fünfzehnten oder in der zweiundzwanzigsten, und so wird dieses Wirklichkeit werden.

Aber burleske und spöttische Experimente werden in der ersten und in der achten Stunde des Tages der ♀ gemacht und nachts in der fünfzehnten und zweiundzwanzigsten.

Außergewöhnliche Experimente gleich welcher Art müssen in der ersten und achten Stunde des ♃ und in der fünfzehnten und zweiundzwanzigsten aller anderer Stunden, in denen die magischen Künste vollendet oder ausgeführt werden.

Es ist notwendig, dass der ☽ klar scheint und in gleicher Zahl mit der ☀ sein muss; unter den Sonnenstrahlen ist es besser vom ersten Viertel bis zur Opposition, gleichsam muss der ☽ in einem Feuerzeichen sein, nämlich[12]:

♋ ♌ ♈ ♌.

Die Durchführung von Experimenten bezüglich eines Diebstahls, in welcher Art und Weise auch immer, müssen vollendet werden, wenn der ☽ voll wird und hell ist, aber damit

[12] Die vier folgenden Symbole: Widder, Löwe und Schütze (das Zeichen des Löwen wird dann wiederholt).

die Experimente zur Erforschung des Unsichtbaren gelingen können, muss alles in der Stunde vorbereitet sein, da der ☽ im Zeichen ♏ steht und in der Stunde, da er voll wird.

Bei den Experimenten der Liebe und Anmut, gleich welcher Rahmenbedingungen, muss der ☽, wie oben gesagt, im Zeichen ♏ stehen und die Dinge müssen in den zuständigen Stunden vorbereitet werden, wobei darauf geachtet werden muss, dass der ☽ zunimmt und noch mehr, dass er in der Jungfrau steht.

Es ist notwendig, in allen magischen Werken nur mit großem Glauben zu arbeiten, denn darin liegt eine große Tugend, so dass oft der Mangel derer ausgleichen wird, die gewöhnlich bei diesen Werke versagen; besonders die Beobachtung der Stunden und Planeten haben sehr große Konsequenz, wenn Sie Erfolg haben wollen. Es ist auch von sehr großer Konsequenz, einen klaren, ruhigen und windstillen Zeitpunkt zu wählen, weil die Geister, die weder Haut, Fleisch, Knochen noch Körper haben, gezwungen sind, einen Körper aus umströmter Luft zu bilden, der sichtbar ist, der nicht perfekt gemacht werden kann, wenn die Luft unrein und unruhig ist.

Es ist wahr, dass die Engel von Gott von unterschiedlichen Naturen erschaffen wurden; einige von ihnen aus Schönheit und Kälte, andere aus Bewegung und Feuer, und wieder andere wurden aus Wind erschaffen. Diejenigen, die aus Winden gemacht wurden, erscheinen mit hoher Geschwindigkeit, ähnlich den Winden; diejenigen, die aus Schönheit erschaffen wurden, erscheinen in schöner Gestalt; diejenigen, die aus Bewegung und Feuer erschaffen wurden, kommen heißblütig daher, zusammen mit sich bewegender Erde und in Feuergestalt, in einer Art und Weise, so dass die Anwesenheit eines jeden von ihnen den Flammen des Feuers ähnelt. Und wenn du die Wassergeister anrufst, werden sie mit großem Regen, Donner und Ähnlichem kommen, und wenn es die aus Luft erschaffenen Geister sind, werden sie wie sanfter Wind erscheinen.

Hinweis. Du darfst keine Angst vor solchen Geistern haben, die du anrufst, weil Angst den Glauben vertreibt, und der Unglaube verhindert den Erfolg der Dinge, wie im Folgenden gesagt wird. Wenn du so handelst, wirst du am Ende zu dem Geist kommen, nach welcher Beschaffenheit oder in welchem Element auch immer; er wird dir unfehlbar gehorchen. Außerdem musst du beachten, dass die Geister der Elemente zu einem klaren, heiteren, süßen und ruhigen Zeitpunkt anzurufen sind. Die Geister unter der Erde zur nächtlichen Stunde oder an einem nebelhaften Tag von Mittag bis Sonnenuntergang.

Die feurigen Geister wohnen im Osten, die des Wassers im Süden, die lärmenden im Norden. Vor allem ist es für eine größere Sicherheit stets zu beachten, dass man das Gesicht zur Seite der Wohnstätte des Geistes wendet. Wenn man die durch Feuer erschaffenen Geister anruft, muss man sich nach Osten wenden und alles Notwendige für diese Seite vorbereitet haben; genauso verhält es sich mit den anderen Geistern aus den verschiedenen Teilen der Welt. Die außergewöhnlichen Experimente, nämlich die der Liebe, der Anmut und Ausstrahlung, werden wirksamer sein, wenn sie Richtung Norden ausgerichtet werden.

Beachte außerdem: wenn du ein Experiment ohne die vorgeschriebene Zeit oder Feierlichkeit machst, wirst du nichts erreichen. Aber wenn du dich strickt auf die Dinge vorbereitest und sie vollendest, wirst du Erfolg haben, und wenn er sich nicht einstellt, lerne, dass das Experiment falsch war oder dass du etwas ausgelassen hast. Also, um es zu vollenden, muss man es wiederholen, und du musst wissen, dass viele Kapitel davon handeln und dass der Schlüssel zu allen Künsten von deinem Verständnis dafür abhängt, sonst wirst du nichts erreichen.

Kapitel IV.

Sämtliche Instrumente, die für die Kunst notwendig sind.

Für die magischen Künste sind mehrere Instrumente nötig, wie Schwert, Stab, Stock, Lanzette, Bogen[13] oder Haken, Bolline, Nadel, Dolch, ein Messer mit einem schwarzen Griff und ein anderes mit einem weißen Griff, um den Kreis zu ziehen und die anderen Dinge, auf denen die heiligen Zeichen und viele andere Dinge eingraviert werden müssen; deshalb ist es zunächst notwendig, das Instrument namens Bolline zu gestalten, am Tag

---

[13] Im original Text: arctave. L'Arc = Bogen, also ein gebogenes Messer.

und zur Stunde des ♃. Nimm dazu ein wenig neuen Stahl, der noch nicht genutzt wurde. Du wirst ihn dreimal ins Feuer legen und ihn in Maulwurfsblut und Pimpernellensaft ablöschen, zu einer Zeit, wenn der ☽ voll ist oder zunimmt. Du wirst einen Horngriff in der selben Stunde und an dem Tag des ♃ anbringen, der mit einem neuen Schwert, das dreimal ins Feuer gelegt wurde, wie es oben gesagt wurde, geschnitten werden muss, und wenn es getan und vollendet ist, wirst du dieses Gebet oder diese Beschwörung sprechen:

»Ich beschwöre dich, oh Form des Instruments, bei Gott, dem allmächtigen Vater, durch die Tugenden des Himmels und der Sterne, und durch die Tugenden der Engel, durch die Tugenden der Elemente, durch die der Steine, Kräuter und auch durch die Tugend des Schnees, Hagels und der Winde, empfängst du die Tugend, so dass es dir gelingen möge, all unsere Dinge zu vollenden; für eine Arbeit ohne Falschheit, Täuschung oder Betrug, durch Gott, dem Schöpfer der Ewigkeiten und Herrscher der Engel. Amen.«

Danach sprich folgende Losung über das Instrument:

»Domine, Deus meus, speravi in te[14]; confitebor tibi, Domine, in toto corde meo[15]; Quemadmodum desiderat cervus ad fontes

---

[14] Psalm 7,2: „HERR, mein Gott, ich flüchte mich zu dir; ...“

[15] Psalm 9,2: „Ich will danken, HERR, aus ganzem Herzen, ...“

aquarum, etc.[16], Danach füge folgende Worte hinzu: *Damahii, Lumech, Gadal, Pancia, Veloas, Meorod, Lamidoch, Baldach, Anerethon, Mitraton, Angeli püssimi*[17], hütet dieses Instrument, damit es mir bei vielen nötigen Dingen dienlich sei.«

Lege es dann in ein neues Tuch aus roter Seide, und mache eine Räucherung mit wohlriechenden Düften, wie wir es noch weiter unten sagen werden. Achte darauf, die besagten Instrumente nicht fertigzustellen, außer am Tag der ♀ und in ihrer Stunde, in der oben genannten Weise. Am selben Tag kann die Nadel und dergleichen Instrumente gemacht werden.

Danach, wenn es möglich ist, am Tag des ♂, wenn der ☽ im Zeichen des Steinbocks oder der Jungfrau steht, wirst du das Schwert machen und im Blut des Maulwurfs und im Pimpernellensaft ablöschen; und wenn der Mond aufgeht und hell ist, beginne in der ersten Stunde des ♂ und beende es um die neunte Stunde des selben Tages; mache einen weißen Griff, welchen du mit einem einzigen Schnitt mit einem Schwert oder einem neuen Messer schneidest; in diesen Griff gravierst du diese Zeichen ein:

---

[16] Psalm 42,2: „Wie der Hirsch lechzt nach frischem Wasser, so lechzt meine Seele, nach dir, Gott.“

[17] *Angeli püssimi*: fromme Engel.

ƷИҰӅⱸ⌐ӌⱴⱬℓℨℨ

Dann wirst du es mit den oben genannten Düften beräuchern und mit dem Schwert alle Dinge tun, die für die Kunst notwendig sind, außer dem Kreis. Wenn die Herstellung eines solchen Schwertes in der oben genannten Art zu schwer zu machen ist, mache ein Schwert in der oben genannten Form und lösche es in Blut und Saft ab, wie es oben gesagt wurde. Mache auch den Griff mit den Charakteren. Schreibe über die Klinge, beginnend von der Spitze bis zum Griff, mit einer männlichen Gänsefeder diese Worte: AGLA, ON, parfümiere es wie zuvor oder wie wir es unten sagen werden, dann wirst du es mit Weihwasser besprengen; lege es in das Seidentuch wie oben gesagt.

Es ist notwendig, das andere (Schwert) mit einem schwarzen Griff zu machen, um damit den Kreis zu zeichnen und die Geister zu erschrecken sowie andere, ähnliche Dinge zu tun. Dies kann in jeglicher Hinsicht so wie das vorherige bereitet werden, allerdings am Tag und in der Stunde des ♄. Es muss in Katzenblut und Schierlingssaft ausgehärtet und abgelöscht werden; es hat einen Griff aus Schafshorn. Mache auf die gleiche Weise den Dolch oder das Stilett sowie die Lanzette in der Stunde und am Tag des ☿ und lösche sie im Blut des

Maulwurfs und in flüssigem Quecksilber[18] ab. Du wirst einen Griff aus Horn mit einem neuen Schwert schneiden, an dem Tag und in der Stunde des ☿ ; auf dem besagten Griff wirst du diese Zeichen schreiben:

Räuchere es dann, wie oben gesagt, und du wirst dieses an geeigneter Stelle, wenn es notwendig ist, benutzen.

Der Stab muss aus Rohr[19] und der Stock aus Hasel sein. Es sind deine zwei Jungfrauen, das heißt, sie sind ohne anhaftende Zweige. Sie müssen am Tag und in der Stunde der ☀ genommen und geschnitten werden. Auf dem Stab muss man am Tag und in der Stunde des ☿ mit der Feder, von der oben gesprochen wurde, folgende Charaktere schreiben:

---

[18] Da als zweite Flüssigkeit zum Ablöschen zuvor Pflanzensäfte eine Rolle gespielt haben, könnte es sich fraglich um *Mercurialis perennis* (Bingelkraut) handeln. Abschrecken in Quecksilber wäre jedenfalls kaum dienlich.

[19] Hier steht im Text „canne", das Wort für Rohr, es dient zur Bezeichnung unterschiedlicher rohratriger Pflanzen. Angefangen vom Zuckerrohr bis hin zu Binsengewächsen wird dieses Wort verwendet. Ich denke am ehesten sind hier Binsen oder Schilf gemeint.

Und wenn es bequemer ist, ist es besser, wenn der Exorzist diese Charaktere mit dem heiligen Instrument graviert. Ist dies getan, spricht man folgende Worte:

»ADONAY, Allerheiligster und Mächtigster, gibt uns die Gnade, diesen Stab und diesen Stock zu weihen und zu segnen, damit sie die Tugend haben, die sie haben sollen; oh heiligster ADONAY, ihm sei Ruhm und Ehre für immer und ewig. Amen.«

Dann wirst du sie mit Weihwasser besprengen und räuchern; du wirst sie in das Seidentuch legen, wie oben gesagt.

Wenn manchmal Schwerter für die Kunst notwendig sind, wirst du ein neues nehmen, welches du am Tag des Merkurs ☿ von der ersten bis zur dritten Stunde in der Nacht polieren wirst, auf der du ELOHIM JITOR schreiben wirst, beginnend von der Spitze bis zum Griff; die zuvor genannten göttlichen Namen sollen nur auf das Schwert geschrieben werden, welches dem Meister dienlich ist. Auf denen der Assistenten steht der folgende Namen auf dem Griff: CARDIAL, und auf der Klinge: PEGION, auf der einen Seite und auf der anderen Seite gegenüber PANORAÏM †, auf der Rückseite schreibe HEOMESIM † wie es im folgenden Beispiel angezeigt wird; und auf das zweiten Schwert,

URIEL, SARAÏON, GAMERIN † DEBALIIN, auf die Art und Weise wie oben gesagt; auf das dritten Schwert schreibe DANIEL, IMETON, LAMEDIIN †, ERADIN und setzte einen Griff aus weißen Knochen darauf: dann sprich insgeheim folgende Beschwörung über das Schwert:

>Ich beschwöre dich, Schwert, bei diesen drei heiligen Namen, ALBROT, ABRACADABRA, JEOVA, damit du in jeder magischen Arbeit eine Festung und Verteidigung gegen alle sichtbaren und unsichtbaren Feinde bist, mit dem Namen SAINT SADAY, der sehr mächtig ist, und durch diese weiteren Namen: CADOS, CADOS, CADOS, ADONAY, ELOY, ZENA, OTH, OCHIMANUEL, der erste und der letzte, Weisheit, Weg, Leben, Tugend, Oberhaupt, Mund, Wort, Pracht, Licht, Sonne, Brunnen, Herrlichkeit, Berg, Weinstock, Tor, Stein, Stab, Priester, Unsterblicher, Messias, Schwert, dem du allen meinen Angelegenheiten vorstehst und meinen Widersachern, amen.«

Nachdem die Weihe beendet ist, lege sie in das Seidentuch, bis sie benutzt werden.

Alle folgenden Instrumente werden geradewegs geweiht und gereinigt, sie sind bei allen magischen Experimenten dienlich.

Hinweis: Wenn Sie mehr als zu dritte sind, brauchen Sie so viele Schwerter und Messer wie Sie Leute sind.

Es folgen die Instrumente

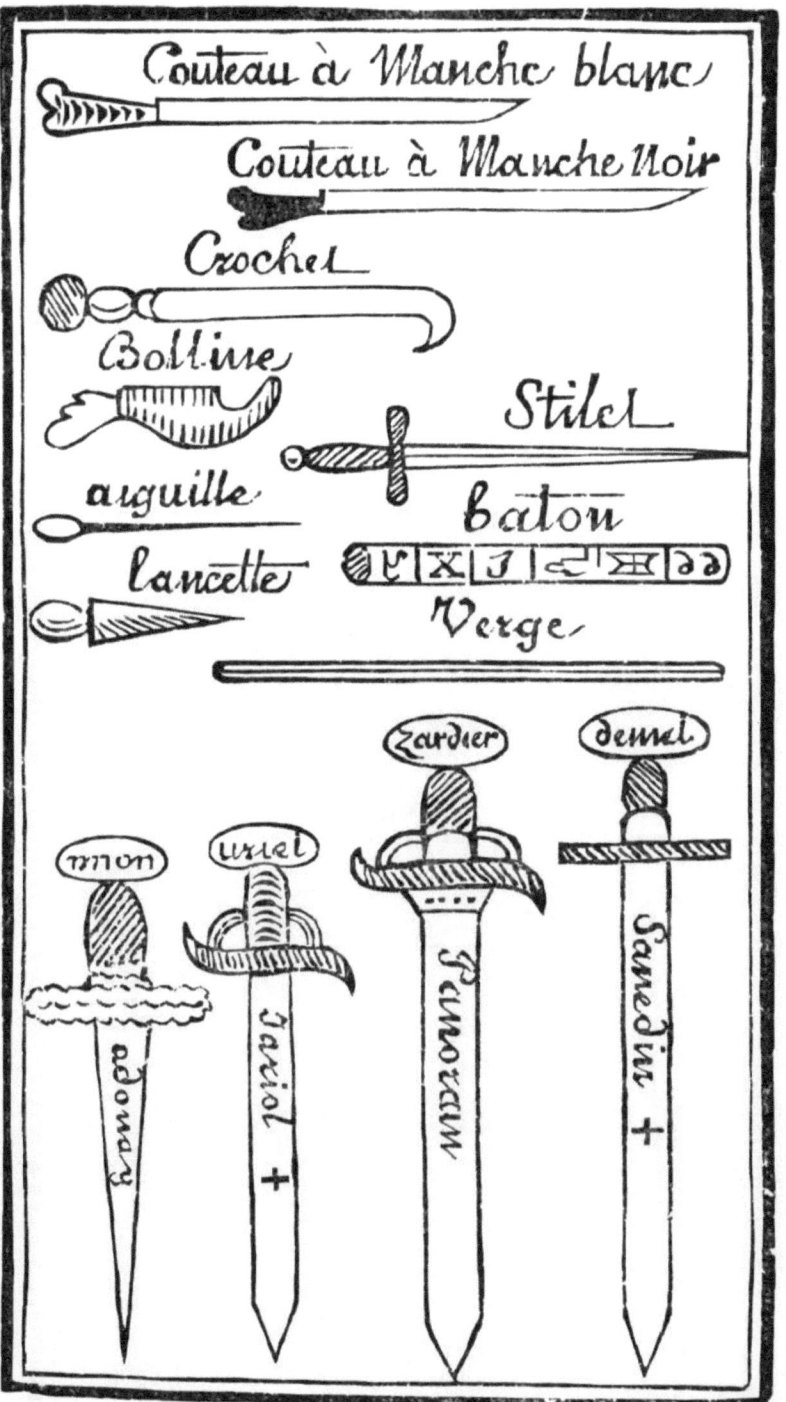

Couteau à Manche blanc

Couteau à Manche Noir

Crochet

Bolline

Stilet

aiguille

Baton

lancette

Verge

mon

uriel

zardier

demel

adonay

Jaxiol †

Pirnorum

Sanedir †

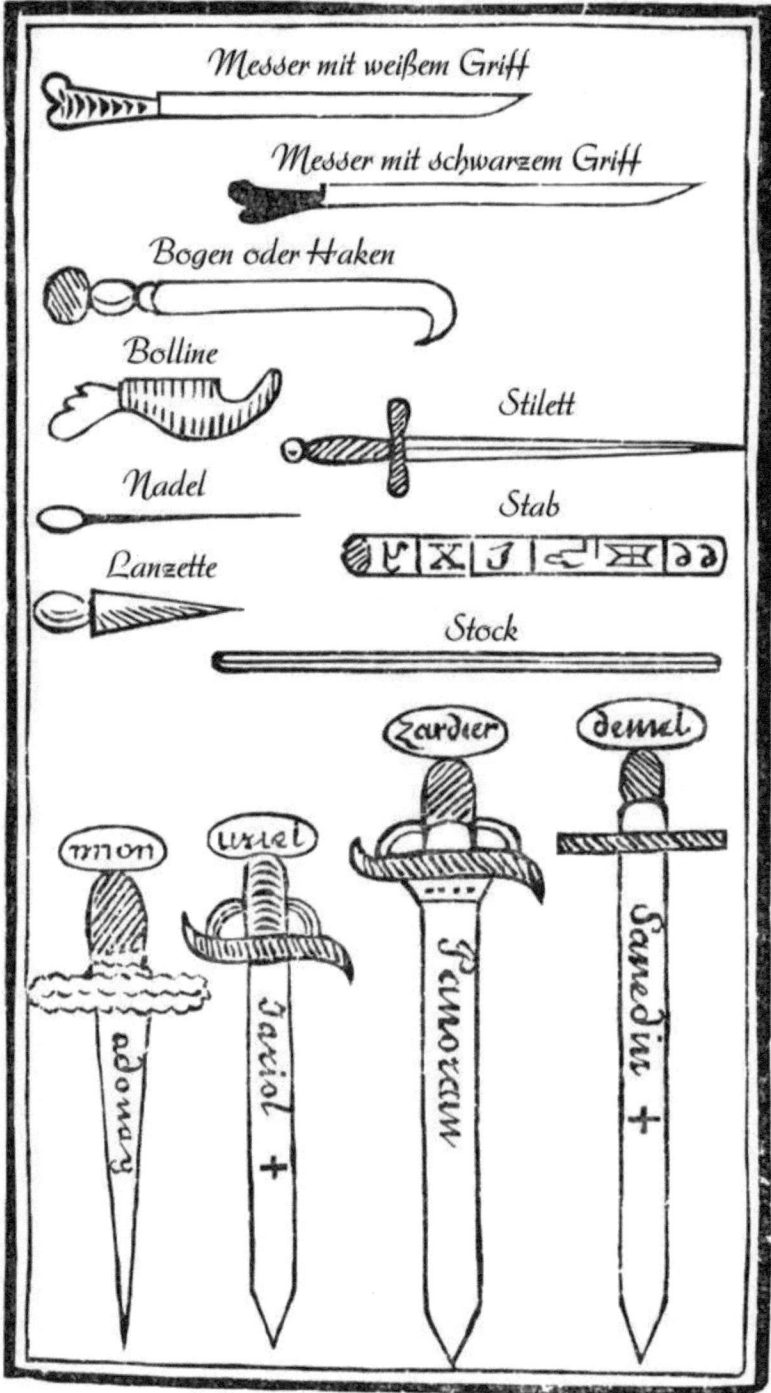

Kapitel V.

Von den Experimenten bei Diebstahl und wie zu verfahren ist.

Nun, mein lieber Sohn, hier findest du die Experimente, wie sie bei einem Diebstahl vorbereitet werden: du wirst wie oben beschrieben vorgehen, und statte dich mit dem Zeichen Gottes[20] aus. Bei diesem Experiment sind die Tage und Stunden hier nicht angezeigt, du wirst es am Tag und in der Stunde tun, wie es im zweiten Kapitel über die Stunden und Tugenden der Planeten gesagt wurde. Bevor du mit der Arbeit beginnst, bereite alles vor, und sprich dieses Gebet:

»*Atha milech Nigheliona, assermaloch, Bassamoïm, Eyes, Saramelachin, Baarel, emod, egen, gemos.* Du, Herr, der Himmel und Erde mit seinen Händen erschaffen hat, der auf den Cherubim und Seraphim sitzt, der alle Dinge gemacht hat, die vor unseren Augen verborgen sind, ganz zu deinen Diensten. CADOS, CADOS, ELOY; ZENAOTH, mögen Himmel und Erde von deiner Majestät erfüllt sein. Oh Herr, Gott, ich beschwöre dich durch deinen bewundernswerten Namen, den vier Buchstaben, die JIOT, HEVAVHE[21] sind, und durch deinen heiligen und

---

[20] Siehe Kapitel „Das sehr große und einzigartigen Pentakel" im zweiten Buch.

[21] Hier etwas zusammengezogen; wohl gemeint: Jod – He – Vau – He; das Tetragrammaton יהוה.

anbetungswürdigen Namen ADONAY, die mir Tugend und Stärke geben, damit ich dieses Werk geradewegs vollenden kann. Ich bitte dich, mein Gott, mache, dass ich die Wahrheit und die Stärke dieses Experiments erkennen kann und dass ich es zum gewünschten Erfolg führen kann, amen.«

Wenn alles vorbereitet ist, wirst du diese Worte sprechen:

»Allmächtiger Vater, der Himmel und Erde trägt, und der in die Abgründe blickt, ich bitte dich, bei deinem heiligen Namen, JODHEVAU, der mit vier Buchstaben geschrieben wird, gewähre uns durch deine Barmherzigkeit, dass wir durch diesen Exorzismus die Wahrheit finden. JOT, JOT, JOT, mögen durch deine Tugend diese Geister uns lehren, an welchem Ort das gestohlene Ding ist, auf dass sie es uns prompt zeigen, oder diesem Kind[22].«

Ist das geschehen, werden dir die Geister unverzüglich die Dinge zeigen, die du suchst. Beachte, dass der Exorzismus so sein muss, wie es im Kapitel des Exorzismus gesagt wird; und wenn man in solchen Experimenten Zeichen oder Namen schreiben muss, so beachte, dass man Papier, Federn, Schreibzeug in der Art haben muss, wie es in dem entsprechenden Kapitel gesagt wird, denn

---

[22] Siehe „Magia Naturalis et innaturalis – dritte Abtheilung", Seite 176/177 „Noch eine Art, Erscheinungen in der Crystall zu haben". Auch hier lässt man einen „Knabe" in einen Kristall schauen, um Visionen von einem Engel zu bekommen.

wenn du nicht alles recht machst, wirst du nichts erreichen können.

Kapitel VI.

Vom Experiment für die Unsichtbarkeit.

Bevor das Experiment für die Unsichtbarkeit gemacht wird, sprich aus vollem Herzen die folgenden Wörter:

>*Scaboles, Habrion, elæ, elimigit, gabolii, Semitrion, Metinobol, Sabaniteut, Heremobol, cane, methé, baluti, catea, timeguel, bora,* durch die Gewalt, die ihr über uns habt, tut dieses Werk, damit ich unsichtbar werde.«

Es ist notwendig, diese Charaktere mit dem zuvor beschriebenen Blut zu schreiben und diese Beschwörung zu sprechen:

>Ich beschwöre euch und zwinge euch, oh ihr Geister der Unsichtbarkeit, segnet sofort und ohne Zögern dieses Experiment, damit ich sicher und ohne Täuschung unsichtbar werde. Ich beschwöre euch erneut durch Luzifer, euren Fürsten, und durch den Gehorsam, den ihr ihm schuldet, und durch die Kraft Gottes, dass ihr mir immer wieder helfen möget, dass ihr dieses Experiment weiht, ohne weder meinem Körper noch meiner Seele zu schaden. *Fiat, fiat, fiat.*«

Für dieses Experiment bereite alle Dinge sorgfältig vor, mit allen Feierlichkeiten, die dieses besagte Experiment umfassen und erfordern, wie sie in dem dazugehörigen Kapitel aufgezeigt wird, dann kannst du sicher vorgehen, und du wirst die Wahrheit finden; aber wenn du einige dieser notwendigen Dinge vermissen lässt, wirst du nicht in der Lage sein, dieses Erwünschte zu erreichen, weil man eine Stadt nur durch das Tor und nicht durch die Wände betreten kann.

Kapitel VII.

Von dem Experiment für die Liebe und wie es gemacht wird.

Für jeden, der wünscht das Experiment der Liebe durchzuführen, oder der die Liebe eines Menschen erlangen will, ob männlich oder weiblich, ist es notwendig, die Dinge für die Durchführung des Experimentes ganz genau zu beachten. Sind Tag und Stunde ausgelassen, mache dein Experiment, wie es oben im Kapitel der Stunden gesagt wurde. Es muss eine Statue aus Wachs oder einem anderen formbaren Material gemacht werden. Zunächst muss das Material vorbereitet werden, wie im entsprechenden Kapitel gesagt wird; sprich über das Wachs folgende Wörter:

> »*Noga, jes, astropolim, asmo, coccav, bermona, tentator, soignator;* ich beschwöre euch alle, Gesandte der Liebe und der Unzucht, durch den, der euch in die Hölle verdammt hat,

dieses Wachs zu weihen, wie es sein muss, damit es die erwünschte Tugend erlangt, die es durch die Kraft des heiligsten ADONAY erlangen muss, der lebt und regiert von Ewigkeit zu Ewigkeit, Amen.«

Forme dann das Bild, wie es das Experiment darstellt. Es ist sehr notwendig, mit der männlichen Gänsefeder darauf zu schreiben, wie es an entsprechender Stelle aufgezeigt wurde. Man führe das Experiment gemäß der Unterweisung durch und parfümiere es jedes Mal, wie es gesagt wurde. Sprich diese Worte:

»Oh du, mächtigster König PAYMON, der du überaus mächtig im ganzen westlichen Reich regierst und herrschst, oh du, EGIM, stärkster König, von dessen Reich man in das kalte Land aufsteigt, oh du ASMODÉE, der du im Süden herrschst, oh du, AYMEMON, edelster König, der du im Osten regierst, dessen Herrschaft und Reich Bestand hat und bis zuletzt bestehen bleibt, bis zum Ende der Zeit. Ich rufe euch an und bete zu euch durch EO, der sprach *et factum est*, der mit seinem Wort allein alles erschaffen hat und dem alle Geschöpfe durch den Thron seiner Majestät gehorchen, durch seinen Willen und seinen Namen, durch denjenigen, der vor dem Anbeginn der Zeit war und der sie erschaffen hat, was man mit vier Worten beschriebt: JOD HE VAU HE, und durch all ihre Entzückungen und Tugenden sowie der insignierte Name des Schöpfers; mögest du das gegenwärtige Bild weihen und bewirken, dass es die Tugend erhalte, die es haben muss und die wir uns durch den aller heiligsten Namen ADONAY wünschen, dessen Tugend weder Anfang noch Ende hat.«

Ist das getan, beschwöre mit der Beschwörung das Bild, das heißt, das Experiment. Und wenn die Frau oder der Mann nicht kommt, dann lege das Bild unter das Kopfende deines Bettes, und in den nächsten drei Tagen wirst du Dinge sehen, die bewundernswert sein werden. Wenn du diese Dinge mit Sorgfalt tust, werden weder die Welt noch Ketten die Person davon abhalten, zu dir zu kommen, du wirst von dieser Person bekommen, was du willst, ohne irgendeine Ausnahme.

Und wenn du das Bild aus Metall[23], Blei oder Zinn gemacht hast, muss es wie oben gesagt gemacht werden und so wie wir es im Folgenden zeigen werden:

Die Zeichen und Namen müssen mit Papier, Stift und Farbe geschrieben werden, wie oben und noch im folgenden Kapitel beschriebenen wird. Die Stunde und der Tag müssen wie bei allen notwendigen Feierlichkeiten bei ähnlichen Experimenten beachtet und eingehalten werden, wie es im jeweiligen Kapitel oben beschrieben steht, und wie es im zweiten Buch gesagt wird.

Aber wenn das Experiment ausgeführt wird, um die geliebte Person zu finden, leg es unter die Tür, durch die sie gehen muss. Oder es wird ein Experiment solcher Art, dass man ein Pulver

---

[23] Wahrscheinlich ist damit Eisen gemeint.

bereite, welches man auf die Frau werfe oder welches man trinkt oder isst. Man mache die Feierlichkeiten entsprechend der Stunde, Material, Zeit; man bereite die Instrumente, wie es in ihren Kapiteln angegeben wurde; sag den Namen des Geistes, in welchem Teil der Welt oder mit wem du auch immer da sein magst; sprich:

»Ich beschwöre und zwinge euch, Teufel, die ihr die Macht habt, die Herzen der Männer und Frauen zu erschüttern, durch den, der uns erschaffen hat, so dass ihr heute Abend mir erscheint, damit ich die Tugend erhalte, meine Liebe zu erzwingen, wen immer ich will, ob männlich oder weiblich.«

Und dann ist es notwendig, die geweihten Dingen herzustellen, wie es bei dem dazugehörigen Experiment gelehrt wird, und wenn dies gemäß der dazugehörigen Doktrin des jeweiligen Experiments geschehen ist, wenn alle Dinge, ob Charaktere, Wachsfiguren, Blei oder andere Materialien, vorbereitet sind, sprechen Sie zum Himmel:

»Ich rufe euch an, oh ihr, ANAËL, DONQUEL, THELIEL, Prinzen der Liebe, und alle eure Diener, die die Macht haben, die Leidenschaft in Männern und Frauen zu entfachen und das Feuer der Liebe zu entflammen. Ich sage, dass ich euch durch den beschwöre, der auf den Cherubim sitzt, der den Abgrund bewacht und durch den, der die Welt erzittern lässt, und dem alle Geschöpfe gehorchen, so dass diese Charaktere oder Figuren diese Tugend haben, so dass der Mann oder die Frau, wer es auch immer sein mag, mich lieben wird, begehren wird und in Liebe zu mir brennt, ohne dass sie von irgendjemandem außer mir selbst geliebt wird.«

Danach wirst du dieses Experiment für eine Nacht in ein Gefäß legen, und du wirst am richtigen Tag und zur richtigen Stunde arbeiten, wie wir es gesagt haben, denn dann wirst du Wunder sehen.

Kapitel VIII.

Von dem Experiment für Anmut und Ausstrahlung.

Wenn du ein Experiment für Anmut und Ausstrahlung machen willst, beachte, in welcher Art und Weise dieses Experiment gemacht wird. Wenn du den Tag und die Stunde versäumst, mache es am Tag und in der Stunde, wie es gesagt wird. Schreibe es dann mit der oben erwähnten Feder, dann räuchere und besprenge es mit einem Weihwassersprinkler mit Weihwasser, nach Art und Kunst wie unten angegeben. Wurden Charaktere oder Namen gemäß der Kunst gemacht, wird das Dokument in das Seidentuch nach der Kunst gelegt; sprich folgendes Gebet:

»ADONAY, aller heiligster und mächtigster Gott, der ALPHA und OMEGA ist, gewähre mir durch deine Barmherzigkeit und Güte, von der du erfüllt bist, dass man dieses Experiment geweiht und vollkommen vorfindet, damit du mir Anmut zugestehst und Ausstrahlung verleihst. Möge das Licht deines heiligen Glaubens kommen, oh ADONAY, welches in dieses Dokument Tugend lege, um Anmut zu erlangen.«

Nach der Fertigstellung ist es notwendig, es in das Seidentuch zu legen und es für einen Tag und eine Nacht zu begraben. Um große Gnade und Gefälligkeiten von jemandem zu erlangen, nimm dieses Dokument, das nach den oben genannten Regeln geradewegs geweiht wurde, und lege es in deine rechte Hand: bitte um alles, was du willst, du wirst es erhalten. Während du um Gnade bittest, wirst du das oben genannte Gebet sprechen.

Kapitel IX.

Von den Experimenten für Hass und Zerstörung.

Die Experimente für die Feinde werden also auf verschiedener Art gemacht: beachte alle Besonderheiten jedes Experiments sehr sorgfältig und exakt, ob es mit einem Bild aus Wachs oder mit einem aus einem anderen Material gemacht wird; wenn du den Tag und die Stunde versäumst, nimm den gleichen Tag und die gleiche Stunde wie in ihrem Kapitel beschrieben, dann bereite das besagte Bild zu diesem Zweck in der richtigen Reihenfolge und Weise vor. Danach parfümiere es mit den Düften, die später im entsprechenden Kapitel aufgezeigt werden.

Wenn du auf dieses Bild schreiben musst, tu es mit der oben erwähnten Nadel oder dem Stilett, dann wirst du einmal über dieses Bild die folgenden Worte sprechen:

> »USOR, DILAPIDATORE, TENTATORE, SOIGNATORE, DEVORATORE, CONCITORE ET SEDUCTORE[24]. Ich sage dir und allen deinen Dienern, ich zwinge und befehle euch, dass ihr bereit seid, dies zu tun, dass ihr dieses Bild ordnungsgemäß weiht, und dass es im Namen von ... geschieht; dass das Gesicht des einen dem anderen entgegengesetzt sei, dass sich also ... nicht mehr in die Augen schauen können.«

Bringe dann das Bild an einen Ort, der mit üblen Düften parfümiert ist, vor allem mit Arten des ♂, wie Schwefel und Assa Fœtida[25], und belasse es dort für eine Nacht. Dann besprenge das besagte Bild, wie es an entsprechender Stelle gesagt wird, beachte die Stunde und die Zeit, wie es im entsprechenden Kapitel aufgezeigt ist. Wenn das Experiment mit Charakteren oder Namen gemacht wird, oder indem man die Liebenden mit Worten oder mit irgendwelchen Mitteln berührt, ist es notwendig, alles zu beachten, was getan werden muss, wie im entsprechenden Kapitel aufgezeigt wird. Wenn aber

---

[24] Benutzer, Verschwender, Versucher, Betreuer, Verschlinger, Aufwiegler und Verführer.

[25] Auch (Stink-)Asant oder Teufelsdreck genannt, Pflanze zur Räucherung.

Experimente durchgeführt werden, in denen etwas zu essen gegeben wird, wird es an dem Tag und in der Stunde eingenommen, die für diese Dinge geeignet sind, wie ich es Ihnen gesagt habe. Ist es so vorbereitet, lege man es vor sich hin und spricht:

>»Wo seid ihr, SOIGNATORE, USORE, DILAPIDATORE ET DENTATORE, CONCISORE, DIVORATORE, SEDUCTORE ET SEMINATORE? Ihr, die ihr Zwietracht sät, wo seid ihr? Der, der Hass sät und Feindseligkeiten bringt, den beschwöre ich durch den, der dich für diesen Dienst erschaffen hat, der du dieses Werk vollbringst, oder wenn N. (nenne den Namen) solche Dinge essen wird oder er sie berühren wird, dann kann er nicht mehr in Frieden leben.«

Und dann wirst du es einer Person geben, wie du es willst, in der Stunde des ♄ oder ♂, dann wird es so funktionieren, wie du es wünschst. Aber achte darauf, die Dinge zu beachten, wie sie für solche Experimente notwendig sind, wie es in den Kapiteln des ersten und zweiten Buches gelehrt wird.

Kapitel X.

Zur Vorbereitung der burlesken und spöttischen Dingen.

Die burlesken und spöttischen Experimente erfolgen auf verschiedene Arten: wenn du solche durchführen willst, achte auf den Tag und die Stunde, wie oben gesagt, schreibe danach das ganze Experiment auf, sowie alles für solche Scherze, also die Worte oder Charaktere auf Jungfernpapier mit der Feder nach der oben genannten Kunst. Wenn dort nichts anders angegeben ist, musst du auf dem besagten Jungfernpapier mit einer Feder einer männlichen Gans schreiben, und mit einer Nadel, hergestellt nach entsprechender Kunst, getränkt im Blut der Eidechse; aber bevor du die Namen und Zeichen schreibst, musst du alle in unseren Kapiteln angezeigten Dinge beachten. Nachdem dies geschehen ist, lege das Experiment vor dich hin und sprich mit sanfter Stimme:

>ABAC, ABEDAC, ISBAC, AUDAC, CUSTIAC, EVAC, CUSOR ET CIRCULATORI – und mache, dass dieses Ding, denen es gezeigt wird, erscheinen; kommet nun, seid bereit und geweiht, denn es ist ein großer Zauber, da GOTT der allmächtige Herr ist und dich für solche Dinge erwählt hat.«

Vervollständige danach das Dokument, vorbereitet zur Zeit und Stunde, wie es nachfolgenden gesagt wird. Und die oben genannten Namen ABAC, etc. und das Folgende, welches auf das Experiment geschrieben oder eingefügt wird, schreibe mit der Feder nach der Kunst, wie sie für den Zweck vorgesehen ist.

Und wenn das Experiment ohne Schrift ist, müssen wir immer die gleichen Worte wiederholen, und so werden wir solche Experimente meistern, durch die wir die Sinne täuschen können.

Kapitel XI.

Von der Art, wie man außergewöhnliche Experimente
vorbereitet.

In den vorhergehenden Kapiteln haben wir von gewöhnlichen
Experimenten gesprochen, mit denen man üblicherweise zu
Gewöhnlichem kommt. Nun, um unser Buch zu ergänzen,
werden wir uns in einem weiteren Kapitel mit außergewöhnlichen Experimenten befassen; das sind die Experimente,
um Männer oder Frauen zu binden oder zu faszinieren und
solcher Experimente mehr. Solche sind auch diejenige, die dazu
dienen, zu täuschen, so dass wir sie gemeinsam nutzen können;
schließlich diejenige, um mit einer Frau eine Affäre zu haben,
ohne jede Formalität. Deshalb, wenn du etwas tust, versuche es
an seinem richtigen Tag und in der passenden Stunde
vorzubereiten, schreibe auf dem Papier nach der Kunst mit der
männlichen Gänsefeder, die entsprechend dem Experiment oder
der Angelegenheit hergestellt wurde; darüber muss dieses Gebet
gesprochen werden:

»Oh, Gott, der alle Dinge erschaffen hat und der uns das
Wissen gegeben hat, um das Gute vom Bösen zu
unterscheiden, durch deinem Heiligen Namen, der
ADONAY lautet, gewähre mir, dass dieses Experiment in
meinen Händen Wirklichkeit wird, durch deinen heiligen
Namen, durch die sieben Hierarchien der Engel, die vor
dir sind, die vor dir rufen und sagen: CADOS, CADOS,

CADOS, ELOY, SABAOTH und diese heiligen Namen JAH, JOD, VAU, PALOS, FOFAR, SOSPAZOR, ZUOR, AMATOR, CREATOR; gib mir die Gnade, dass dieses Experiment in meinen Händen Wirklichkeit wird«.

Nachdem du all diese Dinge getan hast, wirst du gemäß der Stunde dieses Experiments handeln und die anderen Feierlichkeiten beachten, wie es vorliegend beschrieben steht; danach sprich über dieses Experiment diese Worte:

»ASMORIDA, DIECTE, HORRIDA, TRECTAY BEESAY, ARFUSA, ASTARA, und alle genannten Geister, kommet aus welchem Teil der Welt auch immer und helfet mir bei diesem Experiment, damit es durch euch geweiht und bekräftigt wird und die Tugend bewahrt, die es haben muss, durch den aller heiligsten Name ADONAY, der lebt und herrscht in Ewigkeit, Amen.«

Dann wirst du dieses Experiment mit Düften beräuchern und mit dem Wasser gemäß der Kunst besprengen, im Namen der Geister, durch die solche Arbeit erledigt wird. Dann wirst du am besagten Tag und in der Stunde arbeiten, die im Kapitel des Experiments angezeigt sind. Wird es nicht gelingen, mache es am Tag und in der Stunde des ☿. Es sei angemerkt, wenn du wünschst, dieses Experiment zu machen und einige dieser Dinge auslässt, die beschrieben sind, wirst du nie das Gewünschte erreichen, aber wenn du alles gewissenhaft tust, wirst du nicht scheitern, sondern »mit den Federn fliegen« können.

Kapitel XII.

Wie sich der Exorzist zu verhalten hat.

Der von allen Sünden gereinigte Exorzist muss alle Beschwörungen mit einer männlichen Gänsefeder auf Jungfern-Papier schreiben und exorzieren, nämlich: die Namen aller Planeten, Charaktere, Stunden, Zeichen und generell alles, was mit der Magie zu tun hat. Er muss sich mit Weihwasser von der Spitze seines Kopfes bis zu seinen Füßen reinigen und sprechen:

>»Herr, ADONAY, du hast mich nach deinem Angesicht und Ebenbild geformt, du hast die Güte, dieses Wasser zu segnen und zu heiligen, damit sei es die Rettung meines Leibes und meiner Seele und keine Bosheit wird mir jemals geschehen.«

Dann wird er sich abtrocknen; er muss dieses Gebet fünfmal am Tag und viermal in der Nacht, drei Tage lang, sprechen:

>»ASTROSCHIO, *asath, à sacra bedrimubal, felut, anabotos, serabilem, sergen, gemen, domos.* Herr, Gott, der auf dem Himmel sitzt, der den Abgrund sieht, gewähre mir, ich bitte dich, dass die Dinge, die ich in meinen Gedanken gestaltet habe, durch dich geschehen werden, oh großer Gott, der lebt und herrscht von Ewigkeit zu Ewigkeit, Amen«

Nachdem die drei Tage verstrichen sind, muss man alle notwendigen Dinge für die Kunst bereitet haben und dann auf die Stunde mit der Ausführung warten; wenn alle diese Dinge bereit sind, beginne mit dem Werk; besonders müssen wir die Tage, Stunden und Phasen des ☽ sowie die Planeten beachten.

Kapitel XIII.

Wie man den Weihwassersprinkler und das Weihwasser bereitet.

Es ist notwendig, das Wasser und den Sprinkler am Tag und in der Stunde des ☿ zu bereiten: Nimm einen glasierten, irdenen Topf, fülle ihn mit Wasser aus einer fließenden Quelle und wirf Slaz in den Topf hinein. Und du wirst den Psalm *Domine, ne in furore tuo arguas me*[26], ganz und gar sprechen und *Domine exaudi orationem meam*[27], sowie das nachfolgende Gebet:

>»Du Herr, Allmächtiger, mein Gott, mein Refugium und mein Leben, rette mich, heiligster Vater, meine Hoffnung liegt in Dir, du, der Gott Abrahams, Gott Isaaks, Gott Jakobs, Gott der Engel und Erzengel, Gott der Propheten und Schöpfer aller Dinge, ich bitte dich, in aller Demut, durch die Anrufung deines heiligen Namens, dass du dich

---

[26] Psalm 6: „Herr, strafe mich nicht in deinem Zorn und züchtige mich nicht in deinem Grimm!"

[27] Psalm 102,2: „HERR, höre mein Bittgebet! Mein Schreien dringe zu dir!"

herablässt, dieses Wasser zu segnen, so dass alles, worauf
es auch immer geworfen wird, unsere Körper und unsere
Seelen heiligen möge, durch dich, aller heiligster ADONAY,
dessen Herrschaft niemals endet, von Ewigkeit zu
Ewigkeit, amen.«

Bereite am selben Tag eine Räucherung mit Eisenkraut,
Immergrün, Salbei, Minze, Baldrian, Fenchel und Basilikum vor.
Füge keinen Ysop sondern Rosmarin hinzu; mache einen kleinen
Sprinkler von all diesen Kräutern, lege dort einen Griff aus
jungfräulichem Haselnussholz ein, drei Hand lang, an dem du
die Kräuter mit einem Faden bindest, der von einem
jungfräulichen Mädchen gesponnen wurde; am Griff graviere
diese Zeichen auf eine Seite:

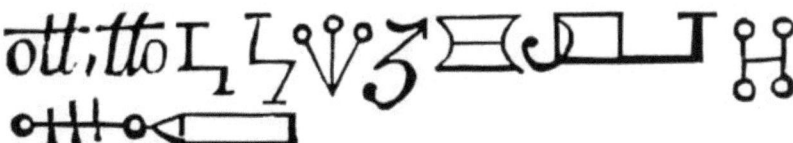

Du wirst damit arbeiten, wann immer du willst, und wisse, dass
du an jedem Ort, an dem du damit dieses Wasser verspritzt, alle
Geister verschwinden lässt, so dass sie kein Hindernis darstellen
werden. Dieses Wasser kannst du bei allen Vorbereitungen
verwenden. Dieses Wasser ist für alles in diesem Schlüssel
geeignet.

Kapitel XIV.

Vom Weihrauch und der Räucherung.

Es gibt zwei Arten von Räucherungen: die einen sind stinkend, die mit Schwefelpulver und Assa Fœtida hergestellt werden; die anderen sind wohlriechend, sie werden aus Aloe, Weihrauch, Benzoe, Storax oder anderen duftenden Stoffen hergestellt, so wie du es möchtest. Über die Duftstoffe sprich folgendes:

»Gott Abrahams † Gott Isaaks † und Gott Jakobs †, lasse dich herab und segne und heilige diese Kreation so, damit sie die Tugend und Stärke erlangt, um die guten Geister von den Bösen, Feinden und Phantomen zu unterscheiden, durch dich, ADONAY, der lebt und herrscht in Ewigkeit, Amen.«

Zweiter Exorzismus.

»Ich treibe dich aus, oh schmutziger Geist, du Phantom des Feindes, durch den Namen Gottes, des Allmächtigen, fahre aus dieser Spezerei heraus, zusammen mit aller Falschheit und Bosheit, so dass es im Namen des allmächtigen Gottes geheiligt und exorziert sei, so dass alle Tugenden zu denen kommen, die diesen Geruch kosten. Lasst die Geister Gottes kommen, sobald diese Spezereien verbrannt werden; sie haben die Tugend des Herrn, damit kein Phantom so kühn sein wird, hereinzutreten, durch den unaussprechlichen Namen des allmächtigen Gottes, amen.«

Dritter Exorzismus.

»Beuge dich hinab, Herr, segne und heilige diese Kreation, möge dies ein sehr großes und heilsames Arzneimittel für die Menschheit und für das Heil unserer Seelen und Körper sein, durch die Anrufung deines aller heiligsten Namens, so dass alle Geschöpfe, die diese Räucherung kosten, Gesundheit für Körper und Seele empfangen, durch den Herrn, der die Zeiten der Zeiten erschuf, so sei es.«

Wenn du das getan hast, besprenkelst du dieses mit Wasser und lege es in das Seidentuch, um es wie vorgeschrieben zu benutzen. Wenn du etwas räuchern willst, dann nimm neue Kohle, die zuvor noch nicht entzündet wurde, und du wirst sie exorzieren, solange sie noch schwarz ist; in der folgenden Art und Weise wird sie angezündet.

Exorzismus der entzündeten Kohle.

»Ich exorziere dich, oh Geschöpf des Feuers! Durch den, der alles gemacht hat, damit all ihr Geister ausgetrieben werdet, damit ihr niemandem bei der Arbeit schaden oder stören könnt, durch die Anrufung des allerhöchsten Schöpfers. Amen. Segne, oh Herr, allmächtiger und barmherziger Gott, deine Kreation, damit dem, der sie benutzt, keinen Schaden zugefügt wird. Amen.«

Und dann gibt es Experimente, bei denen wir stinkende Sorten oder Gerüche verwenden müssen, wie wir oben schon gesagt haben. Es ist notwendig, diese Sorten oder Gerüche mit diesen Worten vorzubereiten:

»ADONAY, LAZAY, DELMAY, AMAY, SADAY, ELOY, durch die Anrufung deines heiligsten Namens, oh Herr! gib uns die Hilfe deiner Gnade; mögen diese Spezereien uns eine Hilfe bei all den Dingen sein, die wir tun wollen; lass alle Bosheit hier herausfahren, damit sie gesegnet und geheiligt seien, in deinem mächtigsten Namen. Amen.«

Dann besprenkele es mit dem exorzierten Wasser und leg es in das Seidentuch; arbeite damit, wann immer es nötig ist, immer im Namen des aller heiligsten ADONAY: so tue, was du willst.

Kapitel XV.

Vom Seidentuch.

Wenn alle Instrumente der Kunst sorgfältig geweiht und exorziert worden sind, müssen sie, wie Salomon sagt, in ein kostbares Seidentuch gelegt werden, damit all diese Dinge rein und sauber aufbewahrt werden, um sehr wirkungsvoll zu sein. Es spielt keine Rolle, von welcher Farbe es ist, nur nicht schwarz oder braun. Es ist notwendig, darauf mit der Feder einer männlichen Gans nach der Kunst die folgenden Zeichen mit Taubenblut zu schreiben:

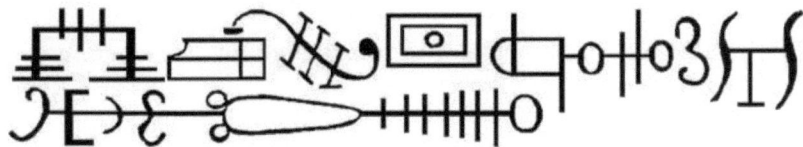

Schreibe danach diese Namen:

ADONAY, AMMASTIUS, ANARETON, COSBOS, ELOYM

Du wirst sie beräuchern und besprengen; sprich danach die Psalme: *Domine, Dominus noster*[28], *etc. Deus judicium tuum Regi da*[29],

---

[28] Psalm 8,2: „HERR, unser Herr, wie gewaltig ist dein Name auf der ganzen Erde, der du deine Hoheit gebreitet hast über den Himmel."

[29] Psalm 72: „Verleih dein Richteramt, o Gott, dem König, dem Königssohn gib dein gerechtes Walten."

etc. Ecce nunc ∂imittis[30], *etc.* Packe danach alle magischen Instrumente fort; mit ihnen kannst du arbeiten, wann immer du es willst und du wirst die Wirkung erhalten, die du wünschst.

Kapitel XVI.

Von der Feder einer männlichen Gans.

Alle Zeichen müssen mit der Feder geschrieben werden, wie es hier gesagt wird: nimm die dritte Feder des rechten Flügels einer männlichen Gans; ziehen sie heraus, sprich diese Worte:

»ABRACHAY, ABATOY, SAMATOY, SCAVER, ADONAY, vertreibe alle Bosheiten von dieser Feder, damit sie alle Kraft in sich bewahrt, um all die Dinge zu schreiben, so wie es gewünscht wird.«

Dann schneide sie mit dem Messer der Kunst, das Messer mit dem weißen Griff, beräuchere und besprenkele sie. Nimm dann ein neues, irdenes Tintenfass, das am Tag und in der Stunde des ☿ hergestellt wurde, und ringsherum graviere oder schreibe mit dem exorzierten Stilett diese Namen:

JOD HEVAU, HE MITRATON, JAC, JAC, JAC, CADOS, ELOYN, ZEVAO

---

[30] Psalm 134: „Ein Wallfahrtslied. Wohlan, preist den HERRN, all ihr Knechte des HERRN, die ihr steht im Haus des HERRN in den Nächten."

60

Stecke dann die Feder hinein und sprich diese Worte:

> »Ich exorziere dich, erschaffene Feder, durch ETERETON, durch STIMULATON und durch den Namen ADONAY, dass du mir bei all meinen Operationen hilfst.«

Da es manchmal notwendig ist, mit Farben zu schreiben, wirst du mehrere weiße Tintenfässchen haben, in denen du deine Farben für die nachfolgenden Pentakeln und die Charaktere anmischst. Es ist notwendig, dass die Farben mit dem heiligen Wasser, welches wir das *exorziert* nennen und mit Gummiarabikum angerührt werden; parfümiere sie dann: und zwar in aller Hingabe, Demut und Glauben, ohne dies nichts getan werden kann.

Kapitel XVII.

Vom Blut der Tauben und anderer Tiere.

Du wirst eine Taube nehmen, die du so exorzieren wirst:

> »Ich beschwöre dich, oh Taube, sei mir eine Hilfe bei unseren Werken des lebendigen und wahren Gottes, durch den heiligen Gott, durch diesen großen Gott, der dich erschaffen hat, und durch Adam, der dir mit allen anderen Tieren eure Namen gegeben hat.«

Nimm dann die Nadel aus Kapitel IV., mit der du die Ader des rechten Flügels der Taube durchstechen wirst, gib dieses Blut in ein Gefäß, über das du diese Worte sprechen wirst:

»ADONAY, Mächtigster, ARETON, ARSAY, SADAY, Gott, Allmächtiger, Heiliger, unbefleckter und unerschütterlicher EMMANUEL, MESSIAH, JEOVA, hilf mir, damit dieses Blut mir in allem dienen kann, was ich will und was ich frage, amen.«

Beachten, wenn du das Blut eines Tieres haben willst, musst du es immer mit einem Instrument der Kunst stechen; aber die Lanzette ist dafür am besten geeignet.

Kapitel XVIII.

Von der Schwalbenfeder.

Man nehme die Feder des rechten Flügels der Schwalbe, die Schwert genannt wird, und bevor man sie zieht, wirst du diese zwei Worte sprechen: SIN RE; danach wirst du sie mit dem Messer der Kunst anspitzen; du wirst auf diese Feder – mit der Feder der Gans – diesen Namen schreiben: ANERETON, dann wirst du darüber die Psalmen rezitieren: *Ecce quàm bonun et quàm jucundum*[31], etc. *Laudate Dominum omnes gentes*[32], etc.; dann besprenkele sie und parfümiere sie, wie die andere; lege sie in das Seidentuch wie zuvor.

---

[31] Psalm 133: „... Siehe, wie gut und wie schön ist es, wenn Brüder miteinander in Eintracht wohnen."

[32] Psalm 117: „Lobt den HERRN, alle Völker, rühmt ihn, alle Nationen!"

Kapitel XIX.

Wie das Jungfernpergament bereitet wird.

Das geweihte Pergament ist für die magische Kunst in vielerlei Hinsicht sehr notwendig. Es gibt zwei Sorten: das eine ist jungfräulich, das andere nicht. Man nennt das eine jungfräulich, wenn es von Tieren bereitet wird, die sich nicht mit einem Männchen fortgepflanzt haben. Es wird am Tag und zur Stunde des ☿ gemacht. Bringe das Tier, das dir das Pergament geben wird, zu einem geheimen Ort, wo weder jemand lebt, noch wo dich jemand sehen kann. Nimm einen jungfräulichen Stock, schneide ihn so, dass er die Form eines Messers bekommt, nutze dazu das (Messer) mit dem weißen Griff, befreie ihn von seinen Zweigen und sprich dann darüber:

»Ich beschwöre dich, Stock, durch den Schöpfer des Universums und den König der Engel, dessen Name lautet HEL-SADAY, dass du Stärke und Tugend aufnimmst, um dieses Tier zu häuten, um das Pergament zu machen, auf dem du den aller heiligsten Namen Gottes schreiben kannst, damit all die Dinge erfolgreich sind, die ich darauf schreiben werde, durch diesen allmächtigsten Gott, der lebt und herrscht von Ewigkeit zu Ewigkeit. Amen.«

Wenn du diesen Stock schneidest, wirst du den Psalm *Deus judicium tuum Regi, etc*[33]. sprechen, und dann wirst du diese Worte auf den besagten Stock schreiben:

»AGLA, ADONAY, ELOË, möge die Arbeit dieses Stockmessers durch dich vollbracht werden.«

Sprich dann folgendes: »CARA, CHERNA, SITO, CIRNA.«

Häute danach das Tier mit diesem Stockmesser ab und sprich:

»ADONAY, DALMAY, SADAY, TETRAGRAMMATON, ANERETON, ANEPATON, CURETON, heilige Engel Gottes, seid anwesend und gebt diesem Pergament die Tugend, damit es durch euch geweiht wird, damit alles, was darauf geschrieben steht, diese Tugend erlangt, damit es zum gewünschten Ende gebracht wird.«

Und wenn du es häutest, nimm etwas Salz und sprich darüber:

»Gott der Götter, beug dich herab, segne und heilige dieses Salz, damit ich das Pergament, was ich vorhabe damit zu machen, damit bestreuen kann, damit es Tugend, Macht und Wirkung erhalte.«

---

[33] Psalm 72: „Verleih dein Richteramt, o Gott, dem König, dem Königssohn gib dein gerechtes Walten."

Danach salzt man mit Salz die besagte Haut, die man fünfzehn Tage in die Sonne legt. Nimm einen irdenen, glasierten Topf, um den du folgende Zeichen schreibst:

Gib in diesen Topf einen großen Stein Branntkalk mit Weihwasser. Wenn er sich aufgelöst hat und abgelöscht ist, wickelst du die Haut ein, gib sie in den Topf, und lass sie neun Tage lang stehen. Ziehe sie dann mit dem Stockmesser ab, um die Haare zu entfernen. Lass sie acht Tage im Schatten trocknen; während man sie trocknen lässt, muss man sie besprengen und sprechen:

> »Im Namen des großen, ewigen Gottes besprenge ich dich, damit du von allen Lastern und jeder Sünde gereinigt wirst.«

Dann parfümiere sie mit duftenden Gerüchen, schlage sie dann in ein Seidentuch zusammen mit allen Instrumenten der Kunst ein, damit es keine Frau in ihrem Fluss[34] sehen wird, denn sonst würde sie all ihre Tugend verlieren.

----

[34] Im Original steht „femme ayant ses fleurs" die Frau mit ihren Blumen; ich denke es soll statt „fleurs" eher „fluer" für Fluss oder Ausfluss heißen, also die Frau, die ihre Menstruation hat.

Aber wenn dir diese Herstellung des Pergaments zu schwierig erscheint, dann nimm Jungfernpergament von irgendeinem Tier, exorziere es wie oben beschrieben, gebe dann brennende Kohle in einen glasierten Topf, mische gute Gerüche, und halte dein Pergament darüber, damit es sie empfängt; aber zuvor schreibe mit den Instrumenten der Kunst diese Charaktere um den Topf.

Solange die Räucherung anhält, sprichst du:

>Engel Gottes, seid meine Hilfe, so dass durch euch unsere Arbeit vollbracht wird.«

Danach wirst du sprechen:

>LAZAY, SALMAY, DALMAY, ANEPATON, CENDRION, ANITOR, ENCHEION[35], heilige Engel Gottes, seid anwesend und gebt diesem Pergament die Tugend, damit es die Tugend aller Charaktere erwerben kann, die darauf geschrieben stehen, durch die Hilfe des frommen und barmherzigen Gottes.«

---

[35] Echnerion?

Sprich den Psalm *Deus judicium tuum, Regi*[36], *etc. Laudate Dominum omnes gentes, etc.* Dann wirst du die folgende Beschwörung rezitieren:

»Ich beschwöre dich, Kreation des Pergaments, bei allen Namen Gottes, dass die Wahrheit von allem, was auf dir geschrieben steht, niemals ausgelöscht werde.«

Dann besprenkele es und legen es in das Seidentuch, wie es oben gesagt wurde.

Kapitel XX.

Von der Glückshaube[37] der Neugeborenen.

Wenn du die Glückshaube eines Neugeborenen hast, parfümiere sie mit wohlriechenden Düften und besprenkele sie, sprich danach den folgenden Psalmen: *Domine exaudi orationem meam, etc. Dominus Deus meus, respice in me*[38], *etc.* Dann sprich die folgende Beschwörung:

---

[36] Psalm 72 und 117; s.o.

[37] Eine Glückshaube (*Caput galeatum*) nennt man Teile der Fruchtblase, die sich dem Neugeborenen während der Geburt über den Kopf oder das Gesicht gelegt hat.

[38] Psalm 102,2: „HERR, höre mein Bittgebet! ..." und Psalm 22,2: Mein Gott, mein Gott, warum hast du mich verlassen, ... Die (alte) Vulgata (Psalm 21,2) setzt noch zuvor „Deus, Deus meus, respice in me ..." also: Gott, mein Gott, sieh mich an, warum hast du mich verlassen ..."

»BOSMELETIC, JEYSMY, ETH, HODOMOS, BELUREOS. Herr, der alles in Weisheit gemacht hat, Abraham hast du zu deinem ersten Gefolgsmann erwählt, dessen Samen sich vermehrte wie die Sterne des Himmels; der dem Moses, deinem Knecht, in rotem Feuer erschienen ist und durch deine Namen, diese sind HEIE, ACER, HEIE, das heißt, *ich bin, der ich bin*[39], und du hast deine Leute trockenen Fußes durch das Rote Meer laufen lassen, durch Moses, deinen Diener; ihm hast du das Gesetz der Errettung am Berg Sinai gegeben; und Salomon hast du mehr Weisheit als allen anderen Menschen gegeben. Demütig verehre ich dich, Majestät und flehe um deine Barmherzigkeit, damit du dieses Pergament mit deiner Tugend weihest, durch dich, oh heiliger ADONAY, dessen Herrschaft währt von Ewigkeit zu Ewigkeit, amen.«

Danach spritzte über diese Haut Weihwasser nach der Kunst und legt sie in das Seidentuch. Wenn die Exorzismen gemacht sind, muss man die Forderungen, die man an die Geister stellt, auf diese Haut schreiben, sie muss mit stinkenden Gerüchen beräuchert werden.

---

[39] Das ist die Übersetzung des Gottesnamen Jahwe, mit dem sich Gott Moses im brennenden Dornbusch zu erkennen gibt; vgl. Ex 3,14: „Da antwortete Gott dem Mose: Ich bin der «Ich-bin-da». ...“ 3,15: "Weiter sprach Gott zu Mose: So sag zu den Israeliten: Jahwe, der Gott eurer Väter, der Gott Abrahams, der Gott Isaaks und der Gott Jakobs, hat mich zu euch gesandt. ...“

Kapitel XXI.

Von den Charakteren, die in den Experimenten geschrieben werden.

Wann immer Experimente notwendig sind, schreibe zu Beginn das sehr heilige CHEIÉ, ASSER CHEIÉ, mit der Feder nach dieser Kunst und mit Purpur-Farbe oder Zinnober und zum Schluss diesen weiteren Namen: ENSOPH[40], was Unendlich bedeutet. Dann schreibe auf das Pergament alles, was du willst, vorausgesetzt, dass es der Kunst entspricht, dann wirst du immer den gewünschten Effekt erreichen. Transportiere diese Charaktere immer in Seide. Nachdem du mit dem oben genannten Experiment oder dem Charakter in der gerade gesagten Art fertig bist, sprich die folgenden Wörter:

»Allerhöchster Schöpfer aller Dinge, ich bitte dich durch deine Barmherzigkeit, dass du dem heiligen Namen, der auf diesem Pergament geschrieben steht, Tugend schenkst, und dass dieser Name zusammen mit den anderen Charakteren mich vor aller Bosheit bewahre, durch dich, heiliger ADONAY, Amen.«

---

[40] En-soph ist hebräisch und bedeutet „es hat kein Ende" und wird zur Beschreibung der Unendlichkeit Gottes in der kabbalistischen Mystik genutzt.

Ausgestattet mit dem Gefühl eines lebendigen Glaubens und der Angst vor dem lebendigen Gott, erlangst du alles, was du begehrst und möchtest.

Kapitel XXII.

Vom Jungfernwachs oder der Jungfernerde.

Um die Bilder oder Kerzen für verschiedene Künste oder Experimente zu machen, verwendet man Jungfernwachs oder Jungfernerde, das heißt, es wurde niemals gebraucht. Sobald du operierst, sprich darüber:

> »ENTABOR, NATABOR, SI TACIBOR, ADONAY, ON, LAZAMON, TERRANNES EOS PHILODES. Engel Gottes, seid gegenwärtig, denn ich rufe euch zu meiner Arbeit herbei, damit sie von euch Tugend erlangt und geradewegs zur Vollkommenheit gelangt.«

Danach wirst du diesen Psalmen rezitieren: *Domine non est exaltatum cor meum, etc. Domine quis habitabit, etc*[41]. Dann müssen die folgenden Worte gesprochen werden:

> »Ich exorziere dich, Kreatur aus Wachs oder Erde und ermahne dich durch den Schöpfer und den allmächtigen Gott, der alles aus dem Nichts erschaffen hat, und durch

---

[41] Psalm 131: „... mein Herz überhebt sich nicht ..." und Psalm 15: „ ... wer darf Gast sein in deinem Zelt ..."

seinen heiligsten Namen und seine Engel. Mögest du Tugend und Segen in seinem Namen empfangen, damit du geheiligt und gesegnet seist und die Tugend erlangst, die wir wünschen, durch den aller heiligstes Namen ADONAY, durch den alle Geschöpfe existieren, Amen.«

Besprenge es mit dem gesegneten Wasser nach der Kunst, verwahre es, um es bei Bedarf zu nutzen. Auf diese Weise wirst du alles erreichen, was du unternehmen möchtest.

Ende des ersten Buches.

Bemerkungen zum zweiten Buch.

Die Pentakeln, von denen das zweiten Buch handelt, haben unterschiedliche Farben, und wir dachten, es sei notwendig darauf hinzuweisen, dass es notwendig sei, bei den verschiedenen Operationen strikt die Farben der Planeten zu verwenden (wie unten auf der Seite 77 angegeben wird). Ohne diese Vorsichtsmaßnahme würde die Operation nichtig sein.

Zweites Buch.

Kapitel I.

Von den Pentakeln, wie sie bereitet werden.

Alle Kenntnisse und die Wissenshaft unseres Schlüssels hängen vom Gebrauch und Verständnis der Pentakeln ab, die bei den Aktionen sehr nötig sind, weil sie die unaussprechlichen und heiligsten Namen enthalten, die durch den Finger Gottes geschrieben[42] und mir offenbart wurden, und die ich hier an einem geeigneten und geweihten Ort zu Verfügung stelle, zum

---

[42] Die Stelle spielt auf die Übergabe der 10 Gebote an Moses an, siehe 2. Moses 31,18: „Nachdem der HERR aufgehört hatte, zu Mose auf dem Berg Sinai zu sprechen, übergab er ihm die zwei Tafeln des Bundeszeugnisses, steinerne Tafeln, beschrieben vom Finger Gottes."

Nutzen für die Seele und den Körper des menschlichen Geschlechts.

Die Pentakeln müssen am Tag und in der Stunde des ☿ hergestellt werden, bei zunehmendem ☽, bei hellem Lichte, wenn er in einem luftigen[43], nicht in einem irdenen Zeichen, steht, damit die Anzahl der Tage der Sonne gleich sind. In einem gelüfteten, frisch geweißten Zimmer, in dem außer dir niemand wohnt, wirst du mit deinen Gefährten eintreten; räuchere es mit duftenden Gerüchen.

Du musst mehrere geweihte Pergamente haben, die jungfräulich sind. Beginne die Pentakeln zu schreiben, wie unten angegeben, nach der vorgegebenen Zeit mit den drei Hauptfarben, nämlich: Gold, Zinnober und Grün. Mache es mit der Feder der Kunst und den exorzierten Farben, wie es zuvor gesagt wurde. Wenn du sie schreibst, bemühe dich, alles zur gleichen Stunde zu vollenden, wenn du also angefangen hast, fahre fort, bis es fertig ist; wenn du aufhören möchtest, beginne wieder am selben Tag und zur selben Stunde. Anschließend lege es in ein Seidentuch nach der Kunst.

---

[43] Luftzeichen sind: Zwillinge, Waage und Wassermann (Erdzeichen wären: Stier, Jungfrau und Steinbock).

Nimm dann einen irdenen Topf, in den du neue, entzündete Kohle legst, mit männlichem Weihrauch[44], Mastix und Aloeholz; alles sei exorziert und gereinigt. Dann wirst du mit dem Messer oder Haken deinen Kreis in der folgenden Weise machen: nimm die Pentakeln, wenn sie fertig sind, beräuchere sie mit den oben genannten guten Gerüchen. Du musst dein Gesicht nach Osten wenden, lies demütig den folgend Psalm: *Domine Dominus noster, Cæli enarrant gloriam Dei, etc.*[45] und füge hinzu:

> »ADONAY, Mächtigster, ALPHA UND OMEGA, du brachtest dein Volk trockenen Fußes durch das Meer, der Abraham auserwählte, deinen getreuen Diener, dessen Nachkommen du verheißen hast, dass alle Stämme der Erde gesegnet seien, dessen Nachkommen du vermehret hast wie die Sterne, der du Moses das Gesetz auf dem Berg Sinai gegeben hast, du hast Salomon, deinem Diener, diese Pentakeln zum Schutz der Seele und des Leibes gegeben. Mit Demut bitten wir Eure, Majestät, dass durch Ihre Macht diese Pentakeln geweiht werden, damit sie Tugend

---

[44] „Die grichischen und römischen Aerzte schätzten vorzugsweise den arabischen Wihrauch, und bezeichneten die auserlesenen weißen, rundlichen oder fadenförmigen Stücke mit dem Namen männlicher Weihrauch, oder auch Olibanum Stagonias." Aus: Philipp Lorenz Geiger, Pharmaceutische Botanik: zum Gebrauche bei Vorlesungen und zum Selbstunterrichte für Ärzte, Apotheker und Droguisten. Auflage 2, Band 2,Teil 2, Winter, 1840, S. 1205.

[45] Psalm 8,2: „Herr, unser Herr, wie gewaltig ist dein Name auf der ganzen Erde ...", und Psalm 19,2: „Die Himmel erzählen die Herrlichkeit Gottes und das Firmament kündet das Werk seiner Hände ...".

und Macht gegen alle Geister erhalten, durch Euch, oh ALLERHEILIGSTER und Herr ADONAY, dessen Reich und Fürstentum endlos sein wird, Amen.«

Danach parfümiere sie mit den Duftstoffen und lege sie in das Tuch aus gesegneter Seide, bis du sie brauchst.

Nachfolgend der Kreis, fundamentaler Punkt der Kunst, sowie für die Einweihung der Pentakel:

Der Kreis,
der für die Weihe der Pentakel verwendet wird[46].

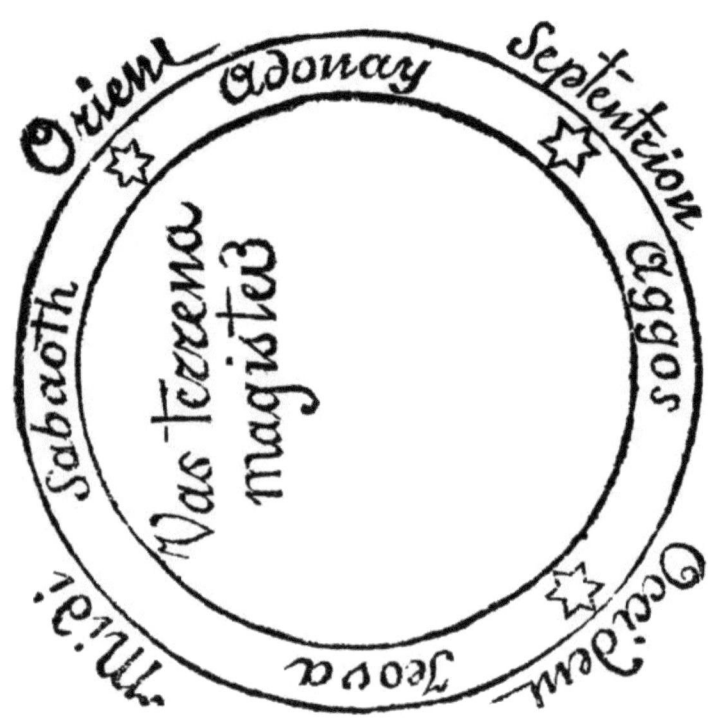

---

[46] Orient = Osten, Occident = Westen, Midi = Süden, Septentrion = Norden; die Aufteilung wiederspricht unserer Sicht einer Landkarte.

Zum Eintrag „aggos": es könnte „Agyios" gemeint sein.

Kapitel II.

Was bei der Verwendung der Pentkel beachtet werden muss.

Die Pentakeln werden üblicherweise aus Metall entsprechend der Planeten mit dem Instrument der Kunst gemacht; aber am besten macht man sie aus Jungfernpergament oder aus der Glückshaube eines neugeborenen, männlichen Kindes, und darauf schreibe man mit der Feder dieser Kunst und mit Blut, welches völlig exorziert ist.

Die verschiedenen Farben der Planeten.

♄ Saturn, schwarz.

♂ Mars, rot.

♃ Jupiter, himmelblau.

✺ Sonne, gelb.

♀ Venus, grün.

☿ Merkur, grün und rot.

☽ Mond, weiß.

Die Form der Pentakeln müssen gewöhnlich kreisförmig sein, manchmal auch achteckig, fünfeckig, sechseckig oder dreieckig.

Die Namen Gottes sind am wirksamsten, wenn sie in Hebräisch geschrieben stehen; sie können größer oder kleiner sein, je nach Willen des Operateurs, vorausgesetzt, dass alle Dinge zueinander kongruent und gut geformt sind.

Bei den Schriftzeichen, das sind die Buchstaben und andere göttliche Namen, die mit hebräischen Buchstaben geschrieben werden, hielt ich es für angemessener, sie so zu schreiben, wie sie sind, da sie so wirkungsvoller sind. Ich habe aber die kreisförmigen Verse in den heiligen Pentakeln, die aus der Heiligen Schrift entnommen sind, in lateinischer Sprache transkribiert, weil sie vom Exorzisten mit Leidenschaft und Inbrunst dreimal gesprochen werden müssen, zumal sie die ausdrückliche und vermittelte Äußerung der Absicht sind, denn die Worte Gottes sind von großer Tugend. Da die oben genannten Pentakeln vom Schlüssel abhängen, ohne jede Anmerkung, erschien es mir gut, die Farben und Tugenden für ein besseres Verständnis des Operateurs hinzuzufügen: was ich soweit getan habe, soweit ich es aus Erfahrung wissen konnte.

Die Formen der Pentakel haben eine sehr große Tugend und eine unbegrenzte Macht, denn wenn du die Geister durch ihre Tugend beschwörst, werden sie dir gehorchen. Zeig ihnen die Pentakeln, sie werden dich fürchten, so dass keiner fähig ist, dich weder zum Schweigen zu bringen noch deine Stimme zu missachten, ohne dass du ihnen etwas opfern oder ein Geschenk machen müsstest.

Diese Pentakel haben außerdem Kraft gegen alle Gefahren der Erde, des Wassers und des Feuers, gegen alle sichtbaren und unsichtbaren Feinde, gegen vergiftete Getränke, gegen Verzauberungen, gegen Angst und gegen alles andere. Wo auch immer du bist, mit diesen heiligen Pentakeln wirst du sicher sein, wenn du wach bist, schläfst, isst, trinkst, bei Tag und Nacht. Wenn sie getragen werden, geben sie den Männer und Frauen Gnade und durch ihre Tugend zieht sich das Feuer zurück, die Wasser versiegen, das Meer beruhigt sich in dem Augenblick, wenn man sie hineinwirft. Alle Geister haben Erinnerungen an Namen, die dort geschrieben stehen, ängstlich werden sie dir gehorchen.

Das sehr große und einzigartige Pentakel[47].

Von grüner und roter Farbe, entsprechend
dem Zeichen des Merkurs ☿ .

---

[47] Dies ist eine vereinfachte Anlehnung an das Sigillum Dei (Siegel
Gottes), wie es bereits im Schwurbuch des Honorius und bei John Dee zu
finden ist.

Das sehr große Pentakel, das man ohne Sünde auf sich selbst trägt, ist gegen alle Gefahren der Welt und versiegelt die Waffen; wenn Sie diesen Kreis zeichnen und ihn den Geistern zeigen, werden sie Ihnen in allem gehorchen.

Die Pentakel.

Die ersten sieben Pentakel stehen unter dem Saturn ♄ , sie müssen schwarz sein.

Die Wirksamkeit der Pentakeln, die nun folgen werden, sind sehr anerkannt und der Nutzen so gut demonstriert, dass wir denken, wir sehen davon ab, uns weiter mit diesem Thema auseinander zu setzen.

Es folgend die Pentakeln unter dem Saturn.

Erstes Pentakel.

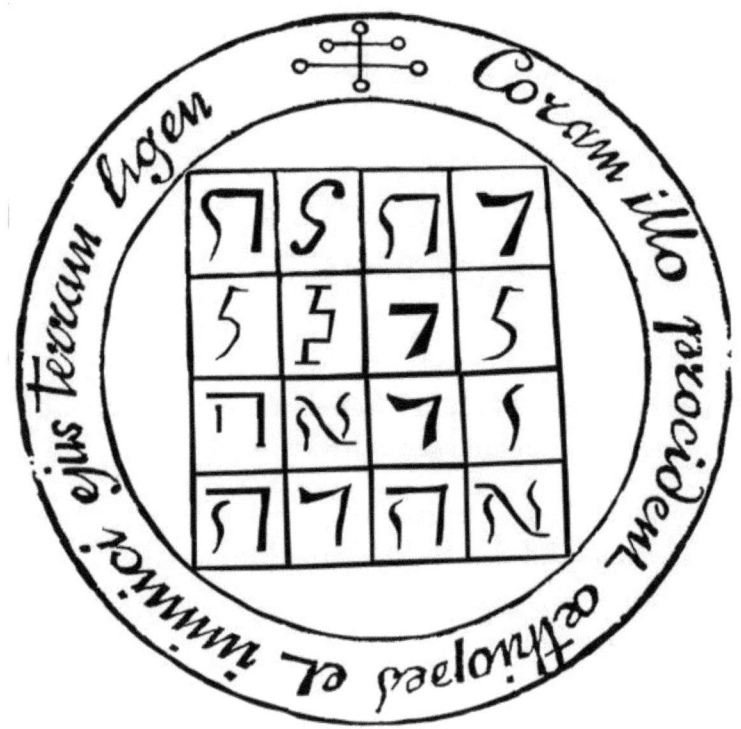

Dieses Pentakel[48] ist bewundernswert, um den Geistern Angst zu machen, denn wenn man es ihnen zeigt, werden sie sich verbeugen und in allem gehorchen, was du von ihnen verlangst.

---

[48] Vgl. Agrippa, De occulta philosophia, 3. Buch, 11. Kapitel, „von den göttlichen Namen und ihrer Kraft".

II. Pentakel.

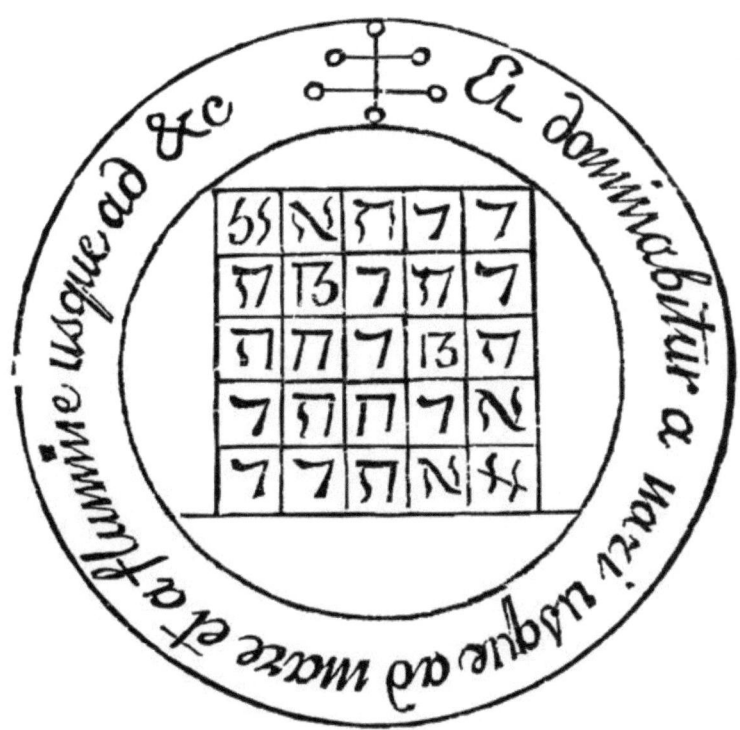

Dieses Pentakel ist gut gegen alle Widrigkeiten und besonders, um den Hochmut der Prinzen der Geister im Zaum zu halten, deshalb ist es von großer Tugend.

Hinweis. Wenn du diesem Pentakel Tugend für die Liebe geben willst, setze es statt auf Jungfernpergament auf eine Medaille[49], wie du es möchtest. Wenn du willst, dass sie dir für das Spiel dient, füge an den vier Ecken, wo die Punkte sind, eine ✺ an der Oberseite, und einen ☽ am unteren Rand, den ♃ auf der rechten Seite, und eine ♀ auf der linken Seite hinzu.

---

[49] Man setzte es also auf Metall.

III. Pentakel.

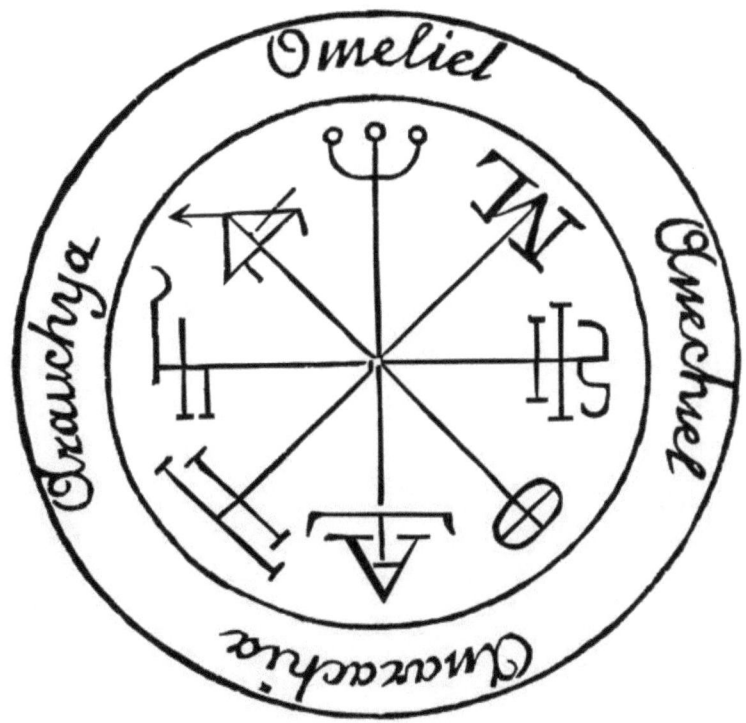

Dieses Pentakel ist bewundernswert, es steht unter dem $\hbar$, man trägt es bei sich, vor allem im Kreis, wenn wir die Geister der Nacht rufen und die, die unter dem $\hbar$ stehen; die Farbe ist schwarz.

IV. Pentakel.

Dieses Pentakel hat hauptsächlich Wert, um alle Experimente durchzuführen, die für den Untergang, die Zerstörung und den Tod gemacht werden. Üblicherweise werden diese von den südlichen Geistern ausgeführt.

V. Pentakel.

Dieses Saturn-Pentakel ♄ beschützt denjenigen, der die Geister der Nacht ruft, es vertreibt die Wächter der Schätze, bringt einem Glück bei allen möglichen Spielen, vorausgesetzt, dass es geweiht und besonders adrett ist; und wenn du willst, dass es nur für das Spiel dient, mach es aus drei Metallen: Gold, Silber und Kupfer, du wirst es auf deinem Magen tragen. Es muss am Tag und in der Stunde der ☀, des ☽ und der ♀ graviert werden.

VI. Pentakel.

Der Name, für den es gemacht wird, wird durch die Buchstaben angezeigt; dieser Name muss um die Mitte des Pentakels geschrieben werden, wo die Punkte stehen; und das wird unverzüglich vom Teufel erledigt werden.

VII. Pentakel.

Dieses Pentakel ist von großer Tugend, um Erdbeben zu verursachen; deshalb wird die Tugend aller Engel in diesem Pentakel durch *noni chori Josmondichi*[50] zum Ausdruck gebracht. Sie können das ganze Universum auf den Kopf stellen.

---

[50] Die neun Chöre der Engel; also die neun Engelhierarchien.

Die Pentakel unter dem Jupiter.

Die sechs[51] folgenden Pentakeln, die am Tag und in der Stunde des Jupiters ♃ hergestellt werden müssen, werden in himmlblau, der charakteristischen Farbe dieses Planeten, gestaltet.

---

[51] Es folgen allerdings sieben Pentakeln.

Das erste Pentakel.

Mit diesem Pentakel lernt man die Geister kennen, entsprechend seiner Natur, hauptsächlich die Geister, derer Namen in diesem Pentakel bei PAROSIEL geschrieben stehen, er ist der Herr der Schätze und lehrt, auf welche Weise sie gehoben werden können.

II. Pentakel.

Dieses Pentakel dient dazu, Ruhm und Freude zu erlangen; es verleiht Ehre, Würde[52] und alle guten Dinge; es ist auch

---

[52] Ehre und Würde (im original: honneur, dignités) bezieht sich auf den Spruch im Kreis, nach Psalm 111,3 der Vulgata „Gloria et divitiæ in domo ejus, et justitia ejus manet in sæculum sæculi." Heute, Einheitsübersetzung; 112,3: „Wohlstand und Reichtum füllen sein Haus, seine Gerechtigkeit hat Bestand für immer."

nützlich, um Schätze zu finden und die dort lebenden Geister zu verjagen. Es muss auf Jungfernpergament mit der Feder nach der Kunst mit Blut von Taube, Maulwurf oder Schwalbe – nach deiner Wahl – geschrieben werden.

III. Pentakel.

Dieses Pentakel schützt all jene, die ♃ beschwören; in den Kreisen sind alle Kränkungen der Geister des ☿; und Jupiter ♃ ist ihm in Opposition. Wenn du ihnen dieses Pentakel zeigst, werden sie sogleich gehorchen.

IV. Pentakel.

Dieses Pentakel ist gut, um Ehre, Ruhm und viele Güter zu erwerben; gedruckt oder graviert wird es auf Silber, am Tag und zur Stunde des ♃, er sei dann im Krebs. Es ist gut, um die Wächtergeister von den Schätzen zu vertreiben. Sein Engel ist immer bei ihm.

V. Pentakel.

Dieses Pentakel ist von großer Tugend, denn es erzeugt zuverlässig Visionen im Traum. Dies ist dasselbe Pentakel, das Jakob trug, als er die Leitern sah, die den Himmel berührten, und die Engel, die auf und ab gingen[53].

---

[53] Vgl. Gen 28,12 Lutherbibel 2017: „Und ihm träumte, und siehe, eine Leiter stand auf Erden, die rührte mit der Spitze an den Himmel, und siehe, die Engel Gottes stiegen daran auf und nieder."

VI. Pentakel.

Dieses Pentakel, das den heiligen Namen des Messias ausdrückt, ist gut gegen alle weltlichen Gefahren.

Man rezitiere jeden Tag fromm den Vers, der im Kreis dieses Pentakels stehen muss, dann können sogar die Hölle und alle Dämonen gegen dich entfesselt werden, sie würden dir keinen Schaden zufügen.

VII. Pentakel.

Von himmelblauer Farbe, wie die sechs zuvor unter dem Zeichen des ♃.

Dieses Pentakel ist bewundernswert gegen Armut, schau es jeden Tag mit Hingabe an und sprich des Psalm *Laudate pueri*

Dominum, etc.[54] Es ist auch bewundernswert darin, Schätze zu finden und die Geister, die seine Wächter sind, zu vertreiben und um Glück im Spiel zu haben.

Die Pentakel unter dem Mars.

Mache die sechs folgenden Pentakeln von roter Farbe, welche die Farbe des ♂ ist, mache sie am Tag und in der Stunde von diesem Planeten.

---

[54] Psalm 113 „Halleluja! Lobt, ihr Knechte des HERRN, lobt den Namen des HERRN!"

Das erste Pentakel.

Dieses Pentakel, sowie die fünf, die folgen, sind gut, die Geister anzurufen, die unter dem Stern Mars ♂ stehen. Die Namen der Dämonenprinzen stehen im Umkreis des Pentakels geschrieben.

II. Pentakel.

Dieses Pentakel sät Krieg, Zorn, Zwietracht und Feindschaft, und schüchtert rebellische Geister ein; zeige ihnen dieses Pentakel, und sie kommen nicht umhin, zu gehorchen und das gewünschte abzuliefern.

III. Pentakel.

Dieses Pentakel ist sehr wirkungsvoll im Krieg, es lässt siegen. Dieses trug Moses auf seinem Weg durch das Rote Meer, in dem der Pharao und seine ganze Armee untergegangen sind.

IV. Pentakel.

Dieses Pentakel ist ziemlich schrecklich gegen Dämonen, denn sie können seiner Macht nicht widerstehen. Sie gehorchen sofort demjenigen, der sie ruft.

V. Pentakel.

Dieses Pentakel ist sehr wirkungsvoll. Wenn man es bei sich trägt, wird nicht nur niemand dir etwas anhaben können, sondern es werden auch die Schüsse gegen diejenige gerichtet, die sie abfeuern; wenn du im Krieg bist, wird es dir nützlich sein. Es wendet sich gegen deine Feinde die Schläge, die von ihnen gegen dich gerichtet sind.

VI. Pentakel.

Es ist von sehr große Tugend, um Stürme aufkommen zu lassen, wenn es an dem Tag und in der Stunden des ♃ und ♂ auf Jungfernpergament mit dem Blut von Maulwürfen oder Fledermäusen geschrieben wurde.

Wenn man es bei der Beschwörung der Geister des ♂ aufdeckt, werden große Mengen Graupel und Hagel fallen.

Die Pentakel unter der Sonne.

Da die Farbe der Sonne gelb ist, ist es notwendig, die sieben Pentakeln, die nun folgen werden, in Gold zu machen, in der dem Planeten (die ☀) zugehörigen Farbe; an ihrem Tag und in ihrer Stunde müssen die besagten Pentakeln gemacht werden.

Das erste Pentakel.

Dies ist das Angesicht Gottes, dem alle Geschöpfe gehorchen, vor dem die Geister zittern, und vor seinem Angesicht verbeugen sich die Engel.

Welche Arten von Geistern auch immer erscheinen, die rebellisch sind und dir nicht gehorchen, zeige ihnen dieses Gesicht, und auf der Stelle werden sie dir gehorchen, du wirst von ihnen bekommen, was immer du willst.

II. Pentakel.

Dieses Pentakel[55] ist sehr gut, damit die solaren Geister antworten. Sie sind von eitler und prunkvoller Natur und haben großen Mut: sie zeigen sich sehr selten. Mit diesem Pentakel müssen sie dir gehorchen und tun, was du willst. Es ist notwendig, bevor sie kommen, bereit zu sein, sie zu fragen, was du von ihnen verlangst; denn bevor du nicht darum gebeten hast, werden sie dir nicht Folge leisten.

---

[55] Dieses Pentakel ist nahezu das gleiche, wie das sechste unter dem Mond, nur die Beschreibung ist eine andere.

III. Pentakel.

Dieses Pentakel ist gut für Könige und große Herren, um Königreiche einzunehmen und zu erobern und Herrschaften über andere zu erlangen. Dieses trug Alexander der Große auf seinem Bauch. Es muss aus Eisen und Gold gemacht werden, graviert es am Tag und in der Stunde der Sonne ☀.

IV. Pentakel.

Dieses Pentakel ist gut, um die Geister zu sehen, wenn sie unsichtbar werden, und um sie zu zwingen, einen Körper anzunehmen, um vor dir zu erscheinen und zu tun, was immer du willst, damit sie dir wie ein Kammerdiener dienen, um dein

Pferd zu striegeln[56] oder dir Besorgungen zu machen. Du musst ihm jeden Tag ein Haar von deinem Kopf geben und das für zehn, zwanzig oder dreißig Jahre, aber nicht mehr als dreißig; denn am Ende der Zeit nimmt er sich seinen Lohn.

---

[56] Siehe „der kleine Albert"; S. 93 „... Zu meinem großen Erstaunen sah ich den Pferdestriegel auf dem Pferderücken fahren, ohne dass dieser durch irgendeine sichtbare Hand geführt wurde. Der Stallknecht sagte, dass er diesen Kobold in seinen Dienst gebracht habe, indem er eine kleine schwarze Henne genommen habe, die er auf einem großen Kreuzweg habe bluten lassen. Mit dem Blut der Henne habe er auf ein Stück Papier geschrieben: *Berit wird meine Arbeit für die nächsten 20 Jahre erledigen, und ich belohnen ihn ...*"

V. Pentakel.

Dieses Pentakel ist wunderbar geeignet, um Geister zu rufen, um von einem Königreich zum anderen transportiert zu werden, oder wohin du willst, und das in einer sehr kurzen Zeit; es ist das, mit dem der gelehrte Schotte[57] in einer Nacht von

---

[57] John Duns Scotus, (* um 1266 in Duns, Schottland; † 8. November 1308 in Köln).

Deutschland nach Paris kam, um die These gegen einen Jakobiner zugunsten der Unbefleckten Empfängnis der Heiligen Jungfrau zu unterstützen und zu verteidigen. Bevor er zum Palast ging, betete er vor dem Bild der Heiligen Jungfrau in der unteren Kapelle[58], die ihren Kopf senkte, wie wir es heute noch sehen können.

---

[58] Die Sainte-Chapelle, frühere Palastkapelle der ehemaligen königlichen Residenz.

VI. Pentakel.

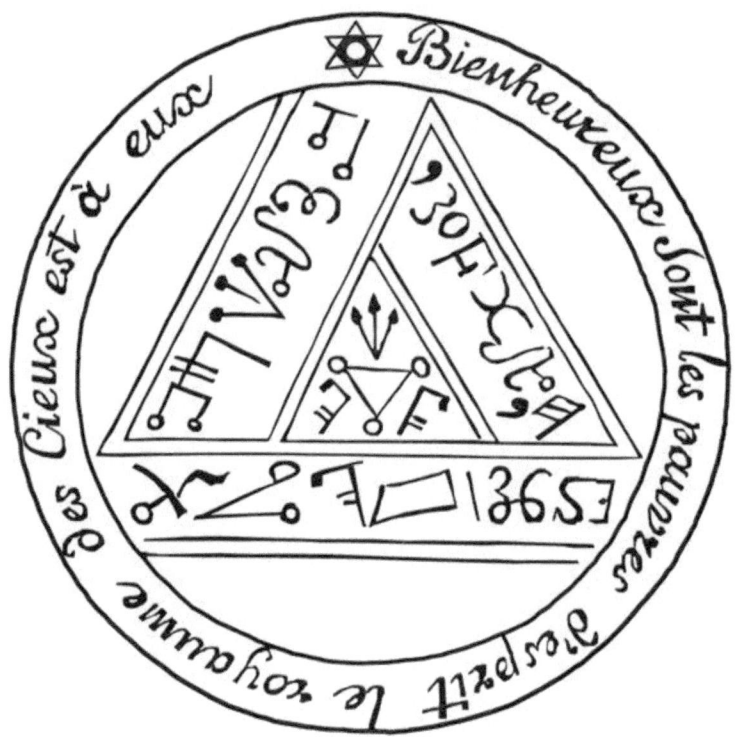

Dieses Pentakel ist grandios für die Unsichtbarkeit, und es ist wundervoll, um jemanden zu befreien, der im Gefängnis und in Eisen und Ketten liegt, durch das Erscheinungsbild dieses Pentakels, welches am Tag und in der Stunde der Sonne ☀ aus Gold gemacht wird.

VII. Pentakel.

Dieses Pentakel hat die gleiche Tugend wie das vorhergehende, für jemanden, der im Gefängnis festgehalten wird, mit Eisen an den Füßen und Händen. Man bringe dieses Pentakel am Tag und in der Stunde der Sonne ✳ auf einer Goldplatte auf, auf der Stelle werden seine Eisen in hundert Stücke zerbrechen.

Die Pentakel unter der Venus.

Bei den fünf Pentakeln, die von dem Planeten Venus beherrscht werden, müssen wir große Aufmerksamkeit auf den Tag und die Stunden des Planeten ♀ sowie auf die Farbe, mit der du sie machst, richten: diese Farbe ist grün, wie es oben auf Seite 77 angegeben wurde.

Erstes Pentakel.

Dieses Pentakel ist gut, um die Geister der Venus ♀ zu zwingen, und vor allem diejenigen, die in diesem Pentakel geschrieben stehen.

II. Pentakel.

Dieses Pentakel ist von gleicher Natur wie das vorherige. Die Namen der vier Geister unter der Natur der Venus ♀ stehen um das Pentakel geschrieben. Wer es gut zu gebrauchen weiß, dem wird alles, was die Liebe betrifft, gelingen. Es wird am Tag und in der Stunde der Venus ♀ aus ihrem Metall bereitet, welches das gereinigte Kupfer ist; es sei jungfräulich, exorziert und nach der Kunst und dem Brauch besprengt, wie es oben gesagt wurde.

Es muss um den Hals getragen werden, an einem grünen Band, die Farbe der Venus ♀ , man muss es das Herz berühren lassen.

III. Pentakel.

Dieses Pentakel ist von großer Tugend, da es die Geister der Venus zwingt, diese Frau zu zwingen, dich zu lieben, die du wünschst. Wenn sie zurückgehalten würde, so dass sie nicht zu dir kommen könnte, um dich zu sehen, wäre ihre Liebe so groß, dass sie eher sterben würde, könnte sie nicht zu dir zurückkommen. Wenn dich nicht die Anteilnahme und die Liebe führen würden, würdest du nicht erfolgreich sein. Die Pentakeln und Charaktere bestehen aus drei Metallen: Gold, Silber und Kupfer; alles wird am Tag und in der Stunde der Venus getan, du wirst es segnen und exorzieren wie gezeigt wurde, trage es Tag und Nacht auf deinem Herzen.

IV. Pentakel.

Dieses Pentakel ist wunderbar und gut, um die Liebe zu entzünden, Sie brauchen es nur der Person zu zeigen, von der Sie geliebt werden möchten. Sein Engel ist SABEYOL, der am ersten und achten Tag des ♃ beschworen werden muss. Es dient auch beim Spiel.

V. Pentakel.

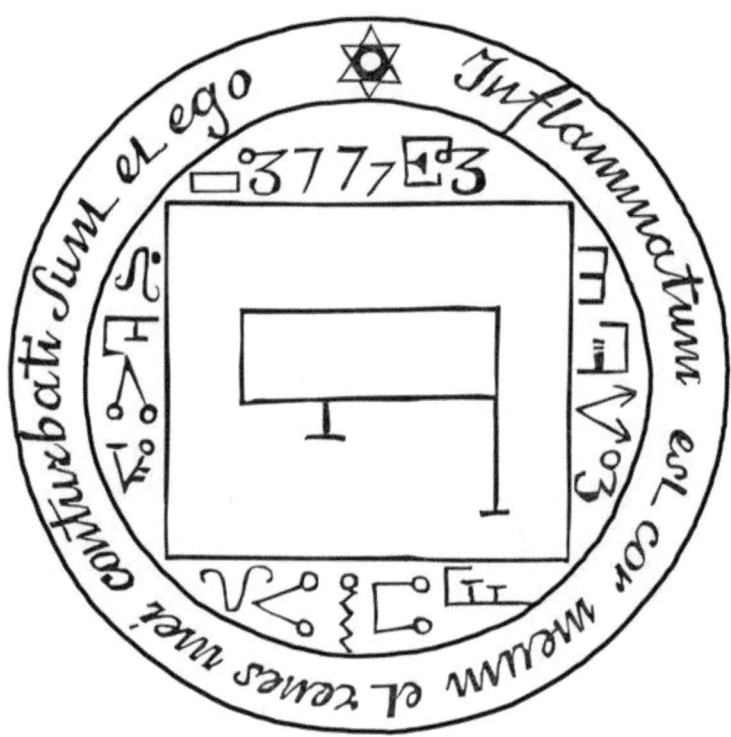

Dieses Pentakel ist gut für die Liebe, wenn es geradewegs geweiht und vollkommen ist, wird der- oder diejenige, dem du es zeigst, von Feuer und Verlangen stark entzündet sein.

Die Pentakel unter dem Merkur.

Merkur ☿ ist der Planet, der das Thema für die fünf folgenden Pentakel beherrscht. Es ist notwendig, sie in den Farben rot und grün am Tag und in der Stunde, wie es im II. Kapitel angegebenen wurde, zu machen etc.

Erstes Pentakel.

Dieses Pentakel ist sehr gut, um die Geister des Firmaments erscheinen zu lassen; sie gehorchen mit großer Leichtigkeit, sie geben, wonach du fragst, vorausgesetzt, du fragst sie, vorausgesetzt, dir misslingt nicht, dieses Pentakel unter dem Zeichen des Merkurs ☿ zu machen.

124

II. Pentakel.

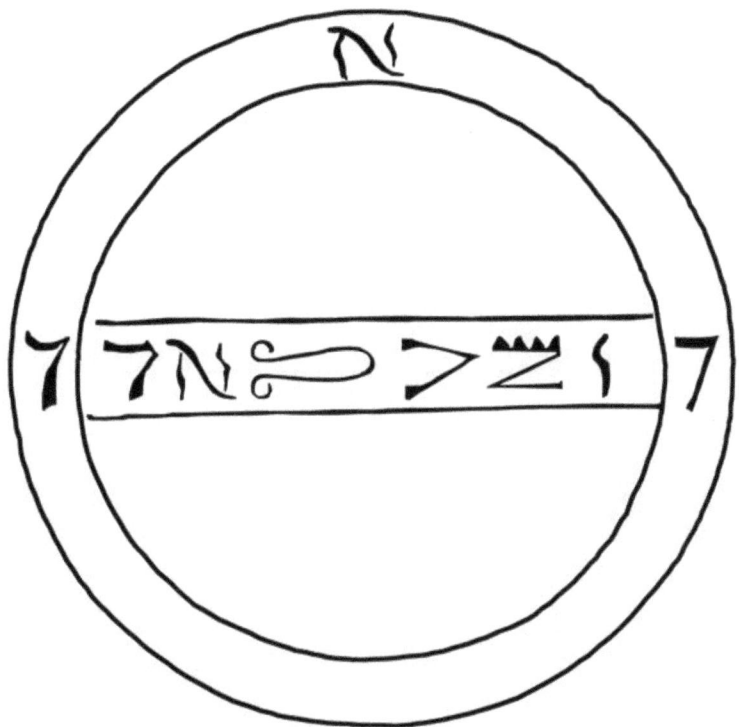

Es ist, damit die gleichen Geister extravagant erscheinende Dinge geben, die nicht unter einer bestimmten Art fallen. Diese Geister geben leicht Antwort, aber es ist schwierig, sie zu sehen.

III. Pentakel.

Zusammen mit dem vorhergehenden dient dieses Pentakel der Anrufung der Geister der Venus[59] ♀ und all derer, die in diesem Pentakel geschrieben stehen.

---

[59] Seltsamerweise steht hier als Wort und das Symbol der Venus; wahrscheinlich wurden die beiden recht ähnlichen Symbole für Venus und Merkur verwechselt.

IV. Pentakel.

Dieses Pentakel dient dazu, das Wissen und die Kenntnis aller von Gott erschaffenen Dinge, sowohl über die irdischen als auch über die himmlischen, zu erlangen, die Geheimnisse zu kennen und die Geister der Schatten in jeden Teil der Welt zu schicken, wie du es willst.

V. Pentakel.

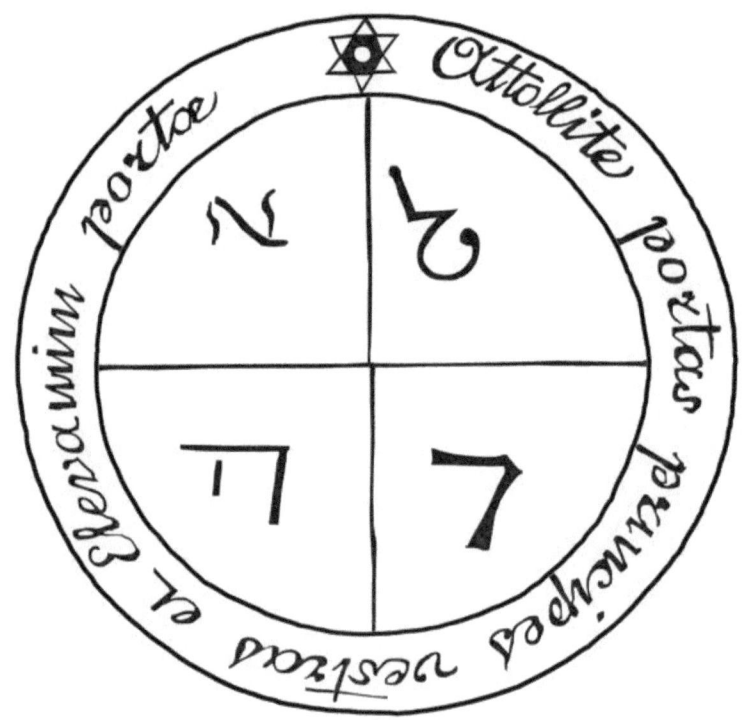

Dieses Pentakel hat die Kraft, Macht und Kommandogewalt über die Geister unter dem Merkur φ zu geben; du kannst es benutzen, um Türen zu öffnen, egal wie sie verschlossen sind, denn es gibt nichts, was ihm widerstehen könnte; es macht dich glücklich.

Die Pentakel unter dem Mond.

Gold hat für die magische Kunst große Tugend, und wir denken, den Operateur für die höchste Sicherheit bei seinen Operation zu unterreichten, die folgenden sechs Pentakeln aus Gold herzustellen, obwohl es nicht die Farbe des Planetens ist.

Sie müssen an einem Montag hergestellt werden, der Tag, der vom Mond regiert wird, sowie zur Stunde, wie es im II. Kapitel des ersten Buches angegeben wird.

Erstes Pentakel.

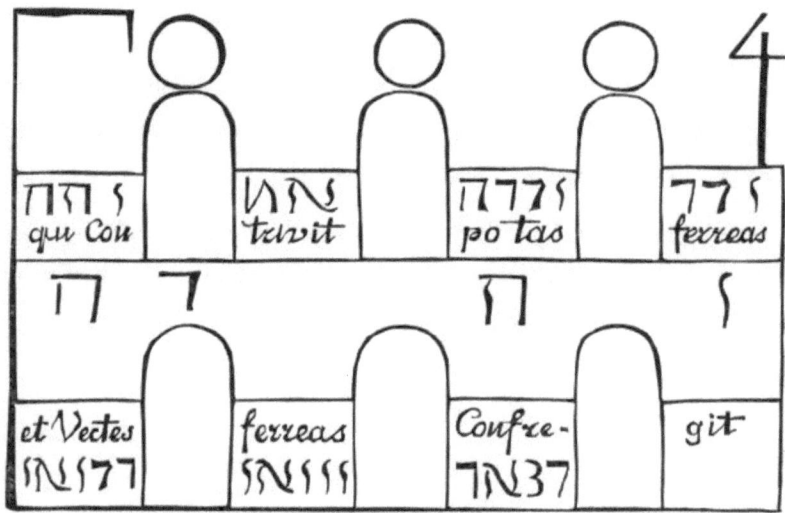

Dieses Pentakel hat die Kraft, die Geister des Mondes zu rufen, derer Namen sich im unteren Teil dieses Pentakels befinden. Es wird auch verwendet, um Türen zu öffnen.

II. Pentakel.

Dieses Pentakel ist gut gegen alle Gefahren des Wassers. Wenn es notwendig ist, den Regen herbeikommen zu lassen, wird dieser in sehr großer Fülle kommen; wenn du ihn beenden möchtest und dich der bösen Absichten der Mondgeister widersetzen willst, wird dieses Pentakel ausreichen.

III. Pentakel.

Dieses Pentakel ist bewundernswert für diejenigen, die reisen; es wird geradewegs gesegnet und auf dem Bauch getragen.

Es ist auch wunderbar gegen alle Gefahren des Wassers und gegen alle nächtlichen Auswüchse.

IV. Pentakel.

Dieses Pentakel ist gegen jeden Zauber, gegen alle Absichten von Verfolgern und Feinden und gegen jegliche Verdammnis von Leib und Seele dienlich. Sein Engel ist SOPHIEL, der die Tugend gibt, die Kräuter und ihre Eigenschaften zu kennen, sowie die aller Steine und Tugenden der Worte. Wir können mit diesem Pentakel alle Sprachen, die wir lernen wollen, perfekt sprechen.

V. Pentakel.

Mit diesem Pentakel müssen wir sehr sorgsam umgehen. Beachte, zusätzlich zu den Tugenden des vorhergehenden kann damit außerdem die sogenannte Wissenschaft der magischen Kunst erlangt werden.

VI. Pentakel.

Dieses Pentakel ist für eine Antwort in einem Traum; sein Geist heißt JACADIEL. Es dient der Vernichtung und Zerstörung der Feinde, ist hilfreich gegen die nächtlichen Geister und bei der Anrufung der Seelen der Verstorbenen.

Ende der Pentakel.

Kapitel III.

Was der Exorzist tun und sagen muss.

Nachdem alles, was mit Salomons Pentakeln getan werden kann, ausführlich dargestellt wurde, ist es sehr wichtig, Ihnen zu sagen, wie der Exorzistenpriester bekleidet sein soll.

Wenn er Erfolg bei seinen Arbeiten haben will, ist es notwendig, alle Dinge vorbereitet zu haben. Man enthalte sich aller körperlichen und geistigen Arbeiten, von zu vielem Essen und Trinken, von aller Lust und allem Laster. Aber wir müssen ab dem neunten Tage vor Beginn der Arbeit mit reinem und gutem Gewissen an die Dinge denken, die getan werden müssen. Es ist auch notwendig, dass die Assistenten das Gleiche tun, so dass man in aller Sicherheit die Arbeit erledigen kann.

Der Exorzist und die Assistenten müssen mit diesem Gebet beginnen, es muss zweimal in der Nacht und einmal am Tag gesprochen werden:

Gebet.

»Herr, allmächtiger Gott, sei uns gnädig, auch wenn wir nicht würdig sind, unsere Augen wegen der Vielzahl unserer Vergehen und Missetaten zum Himmel zu erheben. Barmherzigster Gott, der den Tod des Sünders nicht wünscht, sondern seine sehr lebendige Bekehrung. Gib uns die Gnade, Herr, Gott, voller Barmherzigkeit, die uns bei dieser Arbeit, die wir tun werden, hilft, so dass dein Name von Ewigkeit zu Ewigkeit gesegnet sei, Amen.«

Die letzten Tage des Fastens müssen streng sein, das heißt, mit Brot und Wasser, sich aller Sünde enthalten und das obige Gebet sprechen. Dann wird es notwendig sein, sich an einen geheimen Ort zurückzuziehen, um dort eine möglichst vollständige Beichte abzulegen. Flehe die Engel an, vor denen dieses Geständnis gemacht wird, Zeugen zu sein, von dem Sieg über die Feind der Menschheit und dieses Bekenntnis als rein und aufrichtig zu betrachten, gemacht mit einem sehr bußfertigen Herzen, damit dieser Feind sich nicht wegen uns rühmen kann, aber möge es eine Freude im Himmel sein[60]. Wenn diese Beichte abgelegt wurde, müssen wir Gott um Vergebung bitten und folgendes sprechen:

Gebet.

»Allmächtiger Vater, gewähre uns durch deine unendliche Barmherzigkeit die Gnade, dieses Werk sehen und vollenden zu können, ohne dass die bösen Geister uns weder am Körper noch an der Seele Schaden zufügen können, Amen.«

---

[60] Vgl. Luk, 15, 7: „Ich sage euch: Ebenso wird im Himmel mehr Freude herrschen über einen einzigen Sünder, der umkehrt, als über neunundneunzig Gerechte, die keine Umkehr nötig haben."

Nachdem wir dieses Gebet beendet haben, müssen wir das exorzierte Wasser nehmen, die Assistenten besprengen und sprechen:

»Läutere uns, Herr durch den Ysop[61], und wir werden rein, wasche uns und wir sind weißer als der Schnee.«

Nachdem er fertig ist, muss sich der Exorzist seinen Kopf waschen und zum geweihten Platz gehen; wenn alles vorbereitet ist, wird er danach den Kreis zeichnen, um den Exorzismus zu beginnen. Bevor man aber mit dem Exorzismus der Geister beginnt, empfehle man den Assistenten Kühnheit und Glauben, denn ohne dies könnte Böses durch die Geister geschehen und oft gar der Tod eintreten.

Sind die Assistenten angeleitet und mit Kühnheit ausgestattet, betreten sie alle den geheimen Ort, der geläutert und schön ist. Dann sprechen sie das folgende Gebet, sie wiederholen es nach dem Exorzisten:

Gebet des Exorzisten über die Assistenten.

»Seid gereinigt von all euren Sünden und erneuert im Namen des ewigen Gottes und des Allerhöchsten, und möge die Tugend des Höchsten und Mächtigsten auf uns

---

[61] Ysop ist ein Kraut (hebr.: „Heiliges Kraut"); der Vers bezieht sich auf Psalm 51,9: „Entsündige mich mit Ysop, dann werde ich rein; wasche mich und ich werde weißer als Schnee!"

herabkommen und dort verbleiben, damit ihr und ich dieses große Werk schaffen und vollenden, wie solches, um die Schutzgeister und Besitzer der zurückgelassenen Schätze zu Land wie auch zur See, zu zwingen, uns zu den Herren und zu den friedfertigen Besitzern zu machen, ohne uns Schaden zuzufügen, weder an unserem Körper noch an unserer Seele, oder jemanden von uns zu erschrecken, Amen.«

Wenn dies beendet ist, weiht der Priester, der die fünfundvierzig Pentakel hält, diese, wie es in den vorhergehenden Kapiteln erklärt wurde, die er gemäß der Kunst und entsprechend dem, was er mit ihnen machen will, vorbereitet hat. Dann verteilt er sie an die zwei Assistenten, hält jedoch das zurück, auf dem das ANGESICHT DES HERRN gezeichnet ist, welches der Priester mit dem GROßEN GENERAL-PENTAKEL[62] von Seite 80 auf sich legen muss, wegen ihrer starken Naturen. Die oben genannten Pentakel müssen in kleine Seidenbeutel gesteckt werden, egal von welcher Farbe. Es ist notwendig, wohlriechende Düfte beizumischen, und sowohl der Priester als auch die Assistenten werden sie am Hals befestigen, so dass sie auf dem Herzen positioniert sind. Mit allem ausgestattet, was soeben empfohlen worden ist, voll und ganz überzeugt von der Großartigkeit, Heiligkeit und Bedeutung all dessen, werden der Exorzisten-priester und die Assistenten sicher eindringen können, ohne

---

[62] Siehe Kapitel „Das sehr große und einzigartigen Pentakel".

Gefahren fürchten zu müssen, an welchem Orten auch immer die Schätze versteckt sind.

Die Assistenten müssen in allem sehr gehorsam gegenüber dem Exorzisten sein, denn alles geschieht durch ihn, und ohne ihn kann nichts getan werden, durch die Macht, die er durch sein Merkmal als Priesters hat, ohne die er den Geistern nichts befehlen kann, damit sie ihnen die Schätze und die kostbaren Dinge überlassen, die dort verborgen sind, wo sie auch sein mögen.

Kapitel IV.

Wichtiger Hinweis zum Bad.

Das Bad ist für die magische Kunst sehr notwendig, denn wenn du irgendein Experiment machen willst, musst du alles vorbereitet haben; beachte Tag und Stunde. Am letzten Tag des Fastens, nimm Wasser, erhitze es und wasche den ganzen Körper und sprich die Psalme: *Dominus illuminatio mea*[63], *etc. Dixit insipiens in corde suo*[64], *etc.*

---

[63] Psalm 26,1 „Von David. Der HERR ist mein Licht und mein Heil: ...".

[64] Psalm 53: „Der Tor sagt in seinem Herzen: Es gibt keinen Gott."
(Psalm 14 beginnt zwar mit dem gleichen Satz, im Mittelalter war aber Psalm 53 für die gottesleugnende Narrengestalt prägend, denn dieser Psalm wurde oft mit einer Narrenfigur illustriert, so gehe ich davon aus, dass Psalm 53 gemeint ist.)

140

Kapitel V.

Vom Exorzismus des Wassers.

»Ich exorziere dich, Kreation des Wasser, durch den, der dich erschaffen und an einem Ort versammelt hat, so dass trockene Erde erschien[65], damit du schnell alle Täuschungen des Feindes und die Unreinheit der Geister austreibst, damit sie mir nicht schaden, durch die Tugend des allmächtigen Gottes, der lebt und herrscht von Ewigkeit zu Ewigkeit, amen.«

Dann wird sich der Exorzist so kleiden, wie es weiter unten gesagt wird, und er rezitiere die Psalmen *Domine exaudi orationem meam, etc.*[66] *Miserere mei, etc.*[67] *Confitebor tibi Domine in toto corde meo, in consilio justorum et congregatione, etc.*[68]

---

[65] Gen. 1,9: „Dann sprach Gott: Das Wasser unterhalb des Himmels sammle sich an einem Ort, damit das Trockene sichtbar werde. So geschah es."

[66] Psalme Nr.: 102,2 „HERR, höre mein Bittgebet! Mein Schreien dringe zu dir!"

[67] Die Stelle ist nicht ganz eindeutig zu bestimmen, mit den Worten „Gott, sei mir gnädig ..." beginnen Psalm 56,2: „Sei mir gnädig, Gott, denn Menschen stellten mir nach, Tag für Tag bedrängen mich meine Feinde." und Ps 57,2: „Sei mir gnädig, Gott, sei mir gnädig, denn ich habe mich bei dir geborgen, im Schatten deiner Flügel will ich mich bergen, bis das Unheil vorübergeht."

[68] Psalm 111: „... Dem HERRN will ich danken mit ganzem Herzen im Kreis der Redlichen, in der Gemeinde."

Kapitel VI.

Die Kleidung des Exorzisten.

Die Kleidung muss von Leinen sein, sogar das (Unter-)Hemd;
wenn er sie anzieht, wird er diese Worte sprechen:

»ANTON, AMATOR, EMITES, THEODONIEL, PONCOR,
PAGOR, ANITOR, durch den Verdienst dieser heiligsten
Namen der Engel kleide ich mich, Herr, mit meinen Sabat-
Gewändern, durch die ich all die Dinge vollenden kann,
die ich hervorbringen möchte, durch dich, oh heiligster
ADONAY, der König, der sein Reich regiert von Ewigkeit
zu Ewigkeit, amen.«

Hinweis. Das äußere Gewand muss wie das der Leviten gemacht
werden; an dieses Kleidungsstück wird man mit roter Seide die
folgenden Schriftzeichen auf den Bauch schreiben, nämlich:

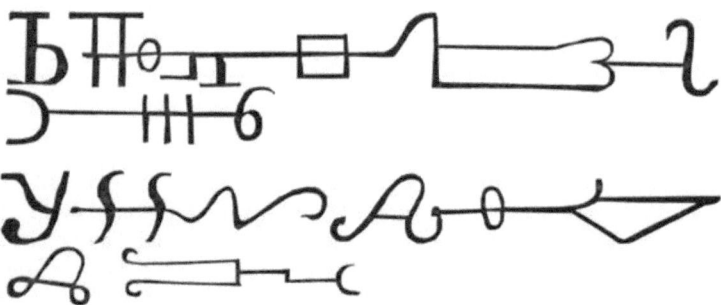

Die Schuhe und die Kappe müssen aus weißem Leder sein, auf denen die gleichen Zeichen wie oben geschrieben werden, mit in Gummiarabikum-Wasser verdünntem Zinnober, mit der in Kapitel XVI. des ersten Buches beschriebener Gänsekielfeder. Auf der Kappe müssen die vier folgenden Namen geschrieben werden, nämlich: JEOVA hinten, ADONAY rechts, ELOY links, GIBOR vorne.

Zum Schluss.

Der Exorzistenpriester, der gekleidet und vorbereitet ist, wie es in den vorhergehenden Kapiteln gesagt wurde, wird die Beschwörungen gemäß den Absichten mit Kühnheit und Glauben machen, ohne etwas auszulassen, sowohl bei den Beschwörungen als auch bei den Kreisen und Pentakeln, Sie stellen sicher, das oben Stehende genau zu praktizieren. Sie werdet nicht nur die verborgensten Schätze besitzen, sondern auch die Schutzgeister zwingen, sie Ihnen aus den Tiefen des Meeres zu holen, denn dieses Buch ist die Wissenschaft der Wissenschaften, für alles, was in den okkulten und magischen Wissenschaften ganz selten ist.

Es sei dazu aufgefordert, dieses Buch nicht in die Hände der Bösen fallen zu lassen: das befiehlt Salomon. Dies ist die Beschwörung, die Ihnen im Namen des Allerheiligsten und im unschätzbaren Namens ADONAY gegeben wird. Es wird weiter empfohlen, diese verborgene Arbeit geheim zu halten wie ein sehr kostbarer Schatz, sowohl um die Seele zu schützen, als auch alles andere wertvolle im Leben, und man verwende es im Guten. Wenn Sie es hingegen entweihen und missbrauchen, wird es sowohl für den Körper als auch für die Seele gefährlich und von großem Schaden sein.

Anhang

Im Folgenden werden zu jedem Siegel die Bibelstellen aus der lateinischen Bibel (Vulgata) angegeben. Da in den Pentakeln oft nur Teile eines oder zweier Verse zitiert werden, sind die nicht in den Pentakeln enthaltenen Anteile eines Verses in Klammern gesetzt. Die deutsche Fassung ist wiederrum mit einer vorangestellten Quelle zitiert, da sich bei einigen Versen die Nummerierungen der Kapitel – besonders bei den Psalmen – um ein Kapitel verschoben haben. Soweit nichts anderes angegeben wurde, stammt das deutsche Bibelzitat aus der Einheitsübersetzung von 2016.

Folgende Abkürzungen werden für die biblischen Bücher in der Aufstellung verwendet:

Ez	Ezechiel (Hesekiel)
Gen	Genesis (1. Buch Moses)
Hld	Hoheslied
Jer	Jeremias
Mt	Matthäus
Ps	Buch der Psalmen
1 Sam	1. Buch Samuel

Die Abkürzungen folgen dem Muster: Buch, Kapitel, Vers
Beispiel: Ps 71,8 bedeutet: „Buch der Psalmen, 71. Kapitel, 8. Vers".

Die Pentakel unter dem Saturn.

1. Pentakel

Vulgata, Ps 71,9: Coram illo procident Æthiopes, et inimici ejus terram lingent.

Einheitsübersetzung Ps 72,9: Vor seinem Angesicht sollen sich beugen die Bewohner der Wüste, Staub lecken vor ihm seine Feinde.

2. Pentakel

Ps 71,8: Et dominabitur a mari usque ad mare, et a flumine usque ad etc. (terminos orbis terrarum.)

Ps. 72,8: Er herrsche von Meer zu Meer, vom Strom bis an die Enden der Erde.

3. Pentakel

Namen von vier Geistern: Omeliel, Anechiel (auch: Anachiel), Auarachia (Arauchiah), Arauchya (Anazachia)

4. Pentakel

Ps 108,18 (Et dilexit maledictionem, et veniet ei ; et noluit benedictionem, et elongabitur ab eo. Et) induit maledictionem sicut vestimentum; et intravit sicut aqua in etc. (interiora ejus, et sicut oleum in ossibus ejus.)

Ps 109,18: Er zog den Fluch an wie ein Gewand; der dringe in seinen Leib wie Wasser und wie Öl in seine Knochen.

5. Pentakel
Terribilis fortis Potens Deus (schrecklicher, starker, mächtiger Gott).

6. Pentakel
Ps 108,6: constitue super eum impium et Satan astet a dextris eius.
Ps 109,6: Einen Frevler bestelle gegen ihn als Zeugen, ein Ankläger trete zu seiner Rechten.
Ps 106,9 (Luther 1541): Setze Gottlosen vber jn / Vnd der Satan müsse stehen zu seiner Rechten.

7. Pentakel
In der vorliegenden Ausgabe fehlt der Psalm, in anderen wird dieses Siegel mit Ps 17,8 umschrieben: Commota est, et contremuit terra, fundamenta montium conturbata sunt, et commota sunt, quoniam iratus est eis.
Ps 17,8: Da wankte und schwankte die Erde, die Grundfesten der Berge erbebten. Sie wankten, denn sein Zorn war entbrannt.

Die Pentakel unter dem Jupiter.

1. Pentakel
Die Namen von vier Geistern: Meomiel, Parosiel, Zedechia, Pavachia

2. Pentakel

Ps 111,3: Gloria et divitiæ in domo ejus, et justitia ejus manet in saeculum saeculi.

Ps 112,3: Wohlstand und Reichtum füllen sein Haus, seine Gerechtigkeit hat Bestand für immer.

3. Pentakel

Ps 124,1: (Canticum graduum.) Qui confidunt in Domino, sicut mons Sion : non commovebitur in æternum, (qui habitat)

Ps 125,1: Ein Wallfahrtslied. Die auf den HERRN vertraun, sind wie der Zionsberg: Niemals wankt er, er bleibt in Ewigkeit.

4. Pentakel

Erneut Ps 111,3

5. Pentakel

Ps 21,17 – 18: (Quoniam circumdederunt me canes multi ; concilium malignantium obsedit me.) Foderunt manus meas et pedes meos, (18) dinumeraverunt omnia ossa mea. (Ipsi vero consideraverunt et inspexerunt me.)

Ps 22,17 – 18: Denn Hunde haben mich umlagert, eine Rotte von Bösen hat mich umkreist. Sie haben mir Hände und Füße durchbohrt. (18) Ich kann all meine Knochen zählen; sie gaffen und starren mich an.

6. Pentakel

Ez 1,1: (Et factum est in trigesimo anno, in quarto, in quinta mensis,) cum essem in medio captivorum juxta fluvium Chobar, (aperti sunt cæli, et vidi visiones Dei.)

Ez 1,1: Es geschah im dreißigsten Jahr, am fünften Tag des vierten Monats, als ich unter den Verschleppten am Fluss Kebar lebte, da öffnete sich der Himmel und ich hatte eine Vision Gottes.

7. Pentakel

Ps 112,7: Suscitans a terra inopem, et de stercore erigens pauperem (8) ut collocet ...

Ps 113,8: Den Geringen richtet er auf aus dem Staub, aus dem Schmutz erhebt er den Armen.

Die Pentakel unter dem Mars.

1. Pentakel

Die Namen von vier Geistern (im Text als Dämonenprinzen bezeichnet): Ghiuniel, Esiel, Barahiel, Madimiel,

2. Pentakel

1 Sam 2,2 : (Non est sanctus, ut est Dominus, neque enim est alius extra te, et) non est fortis sicut Deus noster.

1 Sam 2,2: Keiner ist heilig wie der HERR; denn außer dir ist keiner; keiner ist ein Fels wie unser Gott.

3. Pentakel

Ps 109,5: Dominus a dextris tuis; confregit in die iræ suæ reges.
Ps 110,5: Der HERR steht dir zur Rechten; er zerschmettert
Könige am Tag seines Zorns.

4. Pentakel

Ps 90,13: Super aspidem et basiliscum ambulabis, et conculcabis
leonem (et draconem.)
Ps 91,13: du schreitest über Löwen und Nattern, trittst auf junge
Löwen und Drachen.

5. Pentakel

Ps 36,15: Gladius eorum intret in corda ipsorum, et arcus eorum
(confringatur.)
Ps 37,15: Ihr Schwert wird in ihr eigenes Herz dringen, ihre
Bogen werden zerbrechen.

6. Pentakel

Ps 104,32: Posuit pluvias eorum grandinem, ignem comburentem
in terra (ipsorum.)
Ps 105,32 Er schickte ihnen Hagel statt Regen, flammendes
Feuer auf ihr Land.

Die Pentakel unter der Sonne.

1. Pentakel

Ecce faciem et figuram eius per quem omnia facta sunt et cui
obediunt (omnes creaturae.)

Siehe das Gesicht von demjenigen, durch den alle Dinge gemacht
wurden und dem sie (, alle Kreaturen) gehorchen.

2. Pentakel

Siehe sechstes Pentakel unter dem Mond

Gen 7,11 – 12: (Anno sexcentesimo vitæ Noë, mense secundo,
septimodecimo die mensis,) rupti sunt omnes fontes abyssi
magnæ, et cataractæ cæli apertæ sunt (12) et facta est (pluvia
super terram quadraginta diebus et quadraginta noctibus.)

Gen 7,11 – 12: Im sechshundertsten Lebensjahr Noachs, am
siebzehnten Tag des zweiten Monats, an diesem Tag brachen alle
Quellen der gewaltigen Urflut auf und die Schleusen des
Himmels öffneten sich. (12) Der Regen ergoss sich vierzig Tage
und vierzig Nächte lang auf die Erde.

3. Pentakel

Im Pentakel steht geschrieben: Regnum meum regnum omnium
Sæculorum et generatio mea in.

Ps 144,13: Regnum tuum regnum omnium sæculorum; et
dominatio tua in omni generatione (et generationem. Fidelis
Dominus in omnibus verbis suis, et sanctus in omnibus operibus
suis.)

Ps 145,13: Dein Königtum ist ein Königtum aller Zeiten, von Geschlecht zu Geschlecht währt deine Herrschaft.
(das Personalpronomen differiert also, im Pentakel heißt es sinngemäß: „mein Reich währt ewig", in der Vulgata (auch in der alten) steht „Dein Reich währt ewig".

4. Pentakel
Ps 12,4 – 5: (Respice, et exaudi me, Domine Deus meus.) Illumina oculos meos, ne umquam obdormiam in morte; (5) nequando (dicat inimicus meus : Prævalui adversus eum. Qui tribulant me exsultabunt si motus fuero.)
Ps 13,4 – 5: (Blick doch her, gib mir Antwort, HERR, mein Gott,) erleuchte meine Augen, damit ich nicht im Tod entschlafe, (5) damit (mein Feind nicht sagen kann: Ich habe ihn überwältigt, damit meine Gegner nicht jubeln, weil ich wanke!)

5. Pentakel
Ps 90,11 – 12: (quia) angelis suis mandabit de te ut custodiant te in omnibus viis tuis (12) in (manibus portabunt te ne forte offendat ad lapidem pes tuus.)
Ps 91,11 – 12: Denn er befiehlt seinen Engeln, dich zu behüten auf all deinen Wegen. (12) Sie tragen dich auf ihren Händen, damit dein Fuß nicht an einen Stein stößt.

6. Pentakel

Im Pentakel steht: Bienheureux sont les pauvres d'esprit le royaume des Cieux est à eux (Gesegnet sind die Armen des Geistes, das Himmelreich gehört ihnen.)

Mt 5,3: Heureux les pauvres en esprit, car le royaume des cieux est à eux (Glücklich die Armen im Geiste, denn das Himmelreich gehört ihnen.)

Mt 5,3: Selig, die arm sind vor Gott; denn ihnen gehört das Himmelreich.

7. Pentakel

Ps 112,1: (Alleluja.) Laudate, pueri, Dominum, laudate nomen Domini.

Ps 113,1: Halleluja! Lobt, ihr Knechte des HERRN, lobt den Namen des HERRN!

Die Pentakel unter der Venus.

1. Pentakel

Im Siegel steht der Vers verzerrt: Porre signaculum super cor tuum et signaculum supra

Hld 8,6: SPONSA. Pone me ut signaculum super cor tuum, ut signaculum super (brachium tuum, quia fortis est ut mors dilectio, dura sicut infernus æmulatio : lampades ejus lampades ignis atque flammarum.)

Hld 8,6: Leg mich wie ein Siegel auf dein Herz, wie ein Siegel auf (deinen Arm, denn stark wie der Tod ist die Liebe, die

Leidenschaft ist hart wie die Unterwelt! Ihre Gluten sind
Feuergluten, gewaltige Flammen.)

2. Pentakel
Namen von vier Geistern: Macariel, Socadia, Achelia, Nogariel

3. Pentakel
Gen 2,23: (dixitque Adam) hoc nunc os ex ossibus meis et caro
de carne mea (haec vocabitur virago quoniam de viro sumpta est
(24) quam ob rem relinquet homo patrem suum et matrem et
adherebit uxori suae) et erunt duo in carne una.
Gen 2,23: (Und der Mensch sprach:) Das endlich ist Bein von
meinem Bein und Fleisch von meinem Fleisch. (Frau soll sie
genannt werden; denn vom Mann ist sie genommen. (24) Darum
verlässt der Mann Vater und Mutter und hängt seiner Frau an)
und sie werden ein Fleisch.

4. Pentakel
Gen 1,28: (Benedixitque illis Deus, et ait:) Crescite et
multiplicamini, et replete terram, et subjicite eam, (et dominamini
piscibus maris, et volatilibus cæli, et universis animantibus, quæ
moventur super terram.)
Gen 1,28: (Gott segnete sie und Gott) sprach zu ihnen: Seid
fruchtbar und mehrt euch, füllt die Erde und unterwerft sie (und
waltet über die Fische des Meeres, über die Vögel des Himmels
und über alle Tiere, die auf der Erde kriechen!)

5. Pentakel

Ps 72,21 – 22: (Quia) inflammatum est cor meum, et renes mei commutati sunt; (22) et ego (ad nihilum redactus sum, et nescivi.)

Ps 73,21: Ja, mein Herz war bitter und Schmerz bohrte mir in den Nieren. (22) Ich war ein Tor ohne Einsicht, wie Vieh bin ich gewesen bei dir.

Die Pentakel unter dem Merkur.

1. Pentakel

Trägt nur Symbol, bzw. hebräische Buchstaben.

2. Pentakel

Trägt nur Symbol, bzw. hebräische Buchstaben.

3. Pentakel

Namen von vier Geistern: Cocamiel, Holmadiel, Savania, Genoria

4. Pentakel

Sapientia et virtus in domo eius, et scientia omnia rerum apud eum in saeculorum saeculi.

Weisheit und Kraft sind in seinem Hause, und das Wissen aller Dinge, für immer und ewig.

5. Pentakel

Ps 23,7: Attollite portas, principes, vestras, et elevamini, portæ (æternales, et introibit rex gloriæ.)

Ps 24,7: (Ihr Tore,) hebt eure Häupter, hebt euch, ihr uralten Pforten, (denn es kommt der König der Herrlichkeit!)

Die Pentakel unter dem Mond.

1. Pentakel

Ps 106,16: Quia contrivit portas æreas, et vectes ferreos confregit.

Ps 107,16: denn er hat zerbrochen die Tore aus Bronze und die Riegel aus Eisen hat er zerschlagen.

2. Pentakel

Im Pentakel steht: Sis mihi adjutor et **non timebo quid faciat mihi homo.**

Sei du mein Helfer, und ich werde mich nicht fürchten; was kann ein Mensch mir antun?

Angelehnt an Ps 55,11: In Deo laudabo verbum; in Domino laudabo sermonem. In Deo speravi: **non timebo quid faciat mihi homo.**

Ps 56,11 – 12: Auf Gott, dessen Wort ich lobe, auf den HERRN, dessen Wort ich lobe, (12) auf Gott setzte ich mein Vertrauen, ich fürchte mich nicht. Was kann ein Mensch mir antun?

3. Pentakel

Ps 96,2: Deus, in adjutorium meum intende; Domine, ad adjuvandum (me festina.)

Ps 97,2: Gott, komm mir zu Hilfe, HERR, eile mir zu helfen!

4. Pentakel

Jer 17,18: Confundantur qui me persequuntur, et non confundar (ego : paveant illi, et non paveam ego : induc super eos diem afflictionis, et duplici contritione contere eos.)

Jer 17,18: Meine Verfolger sollen zuschanden werden, nicht aber ich. Sie sollen erschrecken, nicht aber ich. Bring über sie den Tag des Unheils, zerbrich sie mit doppeltem Schlag!

5. Pentakel

Ps 67,2: Exsurgat Deus, et dissipentur inimici ejus; et fugiant qui oderunt (eum a facie ejus.)

Ps 68,2: Gott steht auf, seine Feinde zerstieben; die ihn hassen, fliehen vor seinem Angesicht.

6. Pentakel (siehe 2. Pentakel unter der Sonne)

Gen 7,11 – 12: (Anno sexcentesimo vitæ Noë, mense secundo, septimodecimo die mensis,) rupti sunt omnes fontes abyssi magnæ, et cataractæ cæli apertæ sunt: (12) et facta (est pluvia super terram quadraginta diebus et quadraginta noctibus.)

Gen 7,11 – 12: Anno sexcentesimo vitæ Noë, mense secundo, septimodecimo die mensis, rupti sunt omnes fontes abyssi magnæ, et cataractæ cæli apertæ sunt: (12) et facta est pluvia super terram quadraginta diebus et quadraginta noctibus.

Die Planeten nach den Stunden

Die Zuordnung der Planeten zu den einzelnen Stunden je Wochentag, nach Ulmannus (Buch der Heiligen Dreifaltigkeit, ca. 1410-1419).

Sonntag, die Stunden am Tag

1	2	3	4	5	6
☉	♀	☿	☾	♄	♃
7	8	9	10	11	12
♂	☉	♀	☿	☾	♄

Sonntag, die Stunden der Nacht

1	2	3	4	5	6
♃	♂	☉	♀	☿	☾
7	8	9	10	11	12
♄	♃	♂	☉	♀	☿

Montag, die Stunden am Tag

1	2	3	4	5	6
☾	♄	♃	♂	☉	♀
7	8	9	10	11	12
☿	☾	♄	♃	♂	☉

Montag, die Stunden der Nacht

1	2	3	4	5	6
♀	☿	☾	♄	♃	♂
7	8	9	10	11	12
☉	♀	☿	☾	♄	♃

Dienstag, die Stunden am Tag

1	2	3	4	5	6
♂	☉	♀	☿	☾	♄
7	8	9	10	11	12
♃	♂	☉	♀	☿	☾

Dienstag, die Stunden der Nacht

1	2	3	4	5	6
♄	♃	♂	☉	♀	☿
7	8	9	10	11	12
☾	♄	♃	♂	☉	♀

Mittwoch, die Stunden am Tag

1	2	3	4	5	6
☿	☾	♄	♃	♂	☉
7	8	9	10	11	12
♀	☿	☾	♄	♃	♂

Mittwoch, die Stunden der Nacht

1	2	3	4	5	6
☉	♀	☿	☾	♄	♃
7	8	9	10	11	12
♂	☉	♀	☿	☾	♄

Donnerstag, die Stunden am Tag

1	2	3	4	5	6
♃	♂	☉	♀	☿	☾
7	8	9	10	11	12
♄	♃	♂	☉	♀	☿

Donnerstag, die Stunden der Nacht

1	2	3	4	5	6
☾	♄	♃	♂	☉	♀
7	8	9	10	11	12
☿	☾	♄	♃	♂	☉

Freitag, die Stunden am Tag

1	2	3	4	5	6
♀	☿	☾	♄	♃	♂
7	8	9	10	11	12
☉	♀	☿	☾	♄	♃

Freitag, die Stunden der Nacht

1	2	3	4	5	6
♂	☉	♀	☿	☾	♄
7	8	9	10	11	12
♃	♂	☉	♀	☿	☾

Samstag, die Stunden am Tag

1	2	3	4	5	6
♄	♃	♂	☉	♀	☿
7	8	9	10	11	12
☾	♄	♃	♂	☉	♀

Samstag, die Stunden der Nacht

1	2	3	4	5	6
☿	☾	♄	♃	♂	☉
7	8	9	10	11	12
♀	☿	☾	♄	♃	♂

Bereits von Christian Eibenstein erschienen

Verlag: Books on Demand

Fünf Bücher der Schwarzen Magie

Kornreuther, Herpentil, Scotus und Dee – Geister, Siegel und Beschwörungen
Hardcover, 148 Seiten, ISBN-13: 9783842366732

Der kleine Albert – Die magische Schatzkiste

Paperback, 132 Seiten, ISBN-13: 9783746025391

Grimoirium Verum – Solomons Schlüssel der Weisheit

Hardcover, 140 Seiten, ISBN-13: 9783848201792

Grimorium Mercurium

John Dee, Christian Eibenstein (Hrsg.)
Paperback, 72 Seiten, ISBN-13: 9783844814439

Das Schwert Moses – Ein altes Buch der Magie

Moses Gaster, Christian Eibenstein (Hrsg.)
Paperback, 140 Seiten, ISBN-13: 9783848204823

Aesch Mezareph – Reinigendes Feuer

Christian Knorr von Rosenroth, Abraham Rabbi
Paperback, 60 Seiten, ISBN-13: 9783837040227